Richard Blank, Die Optimisten

D1574202

Richard Blank

Die Optimisten

Lagebericht des Bankangestellten
Hans Wenker

Alexander Verlag Berlin

© by Alexander Verlag Berlin 2003
Alexander Wewerka
Postfach 19 18 24, D-14008 Berlin
info@alexander-verlag.com
www.alexander-verlag.com
Satz Wolfgang Scheffler, Mainz
Umschlag Antje Schlabe Design, Leipzig
Alle Rechte vorbehalten
Druck und Bindung WB Druck, Rieden/Allgäu
ISBN 3-89581-104-1
Printed in Germany (September 2003)

fühlen,

1. ein Gefühl (im Sinne von
   Lust oder Unlust) erleben;
2. svw. tasten.

(Meyers großes Taschenlexikon
in 24 Bänden, 1995)

1

Ich hatte verschlafen. Es war der 17. Dezember. In der letzten Zeit war es sommerlich warm gewesen. Ich schaute durchs Fenster. Alles in Schwarz. Die Straßenlaternen hatten Häubchen, und auf den Autos türmte sich der Schnee. Die Sonne schien von Osten und gab dem Schnee etwas Gelacktes. Es war das dritte Mal innerhalb einer Woche, daß es schneite. An das Schwarz gewöhnt man sich. Ich rief Ingrid ans Fenster. Sie schaute hinaus und sagte: »Jetzt wird alles gut.«

In der letzten Zeit war einiges geschehen, womit wir nicht gerechnet hatten. Anfang Mai ereignete sich eine kleine private Katastrophe: zum ersten Mal kam ich zu spät in die Bank.

Jeden Morgen, wenn ich das Haus verlasse, kämme ich bei den letzten Schritten zur Tür meine Haare. Als ich den Kamm schon in die Jackentasche zurückstecken wollte, spürte ich in meiner Rechten ein Büschel Haare. Im Dielenspiegel entdeckte ich am Ansatz des Scheitels eine münzgroße kahle Stelle, kreisrund. Ich war siebenundvierzig. In den letzten Jahren hatte ich immer wieder mal ein paar Haare verloren. Ich entschloß mich kurzerhand, den Scheitel von der linken auf die rechte Seite zu verlegen.

Kaum hatte ich die Bank betreten, schickte mich unser Fräulein Nötger mit einem freundlichen Grinsen zum Filialleiter.

Direktor Kern blätterte in der Unterschriftenmappe, und ich stand eine ganze Weile schweigend vor ihm, ehe er aufschaute. Er lachte. »Zum ersten Mal seit dreiundzwanzig Jahren kommen Sie zu spät, mein lieber Wenker. Für Ihre Kollegen, die Ihre Exaktheit geradezu fürchten, ist das wie eine Befreiung. Was mich betrifft, so ist Ihnen verziehen, dieses eine Mal.«

Die Kasse war gegen den übrigen Raum mit Panzerglas abgeschlossen. Ein kleiner Aufzug, in den nur eine Person hineinpaßte, führte hinunter zum Kellersafe.

Meine Bank war ein architektonisches Meisterwerk, eines der wenigen öffentlichen Gebäude, bei denen die obligatorischen Ausgaben für Kunst-am-Bau eingespart werden konnten, weil der Bau selbst ein Kunstwerk war: alles weißer Marmor. Eine Landschaft aus Podesten, Stufen, Tischen in weißem Marmor. Selbst die Sessel waren aus diesem Material, und wenn man darauf Platz nahm, glaubte man sich in einem alten Fauteuil, so vollendet waren die Formen des Körpers in den Stein geschliffen.

Hier ließ sich's arbeiten. Seit dreiundzwanzig Jahren und zwei Monaten hatte ich keinen einzigen Fehlbetrag in der Kasse, und das dürfte, auch unter Berücksichtigung von Größe und Umsatz meines Instituts, ein Weltrekord sein. Es ist dabei freilich jene Zeitspanne eingerechnet, in der ich wenig, oft gar nichts zu tun hatte und etliche Banken ihre Kassierer bereits entlassen mußten. In den letzten Jahren aber hatte sich meine Stellung stabilisiert.

Fräulein Nötger bat um Einlaß. Sie hatte die Kasse während meiner kurzen Abwesenheit geführt und reichte mir den Zettel über den aktuellen Stand. Dabei beugte sie sich so über mich, daß ich an meiner rechten Schulter, ohne daß sie mich eigentlich berührte, die Spitze einer Brustwarze spürte.

Sie redete etwas von Dollarkurs und Devisenorder, blieb stehen wie sie stand, wich weder zurück, noch kam sie auch nur einen Millimeter näher.

Ich erinnerte mich, daß mein Biologielehrer Alfons Kehl die Unberechenbarkeit des Weiblichen durch die Verformung der Brustwarzen zu erklären pflegte: Reibung, sexuelle Phantasie oder Kälteeinfluß – ein einziges Durcheinander von Motiven für den gleichen biologischen Vorgang.

Sie unterschrieb den Zettel und verließ, ohne mich noch einmal anzuschauen, den Raum. Beate Nötger war eine nicht unschöne, aber etwas blasse Person, die bisweilen unter einer Art Blutsturz litt. Sie beugte sich dann leicht nach vorn, als ob sie sich verneigen wollte, und dabei kam ein kleiner Schwall dunklen Blutes aus ihrem Rachen. Danach lächelte sie meist und war wie belebt. Das geschah ausschließlich vor Dienstbeginn, und sie erklärte es mit einer angeborenen, nicht weiter ernstzunehmenden Nervosität. Meist war noch eine der Putzfrauen vom Frühdienst in der Bank, die den kleinen Erguß schnell vom Marmor wischte.

Trotz der durch mein Zuspätkommen verkürzten Arbeitszeit kam mir der Tag lang vor. Es gab wenig zu tun. In den Arbeitspausen spitzte ich gewöhnlich meine Bleistifte und zählte dann, wenn es die Zeit erlaubte, die Hunderterpäckchen nach. Es liegen immer hundert mal hundert zusammen, und der Ehrgeiz eines jeden gewissenhaften Kassierers ist es, der Zählmaschine einen Fehler nachzuweisen. Vor fünf Jahren hatte ich einen schönen Erfolg. Im dritten Zählpäckchen war ein Schein zuviel. Ich brachte das Päckchen zu Herrn Kern, der zunächst meine Zählfähigkeit anzweifelte und selbst nachblätterte, in der umständlichen Art, wie Ungeübte das tun. Schließlich mußte er meine Entdeckung bestätigen und sprach mir seine Anerkennung aus. Die Zentrale erklärte den Fehler mit einem Zahnradbruch in der Zählmaschine. Das etwas ältliche Modell wurde daraufhin vernichtet, nachdem man das kostenfreie Reparaturangebot des Herstellers zurückgewiesen hatte.

Am Nachmittag zahlte der Fleischhauer Dattler 100.000 in bar ein. Es war heiß. Alois Dattler stand schwitzend vor mir. Als er den Hut zog, bemerkte ich in seinem nassen Haar erst drei, dann vier, also insgesamt sieben kreisrunde kahle Stellen. Er spürte wohl, daß ich einen Moment zu lange auf sein Haar geschaut hatte und sagte: »Ich habe die Sikasis. Da fallen einem kreisrund die

Haare aus. Mein Hausarzt sagt: ›Das ist die Sikasis, das gibt sich wieder‹.«

Der Kassierer verläßt die Bank als letzter. Wenn alle gegangen waren, fuhr ich mit meinem Lift in den Safekeller und schloß das Geld weg. Das waren Momente des Glücks. Ich war allein. Mit Vorliebe sang, ja grölte ich dann, nach vollendetem Tagewerk, allerlei Songs, begann schon liftabwärts damit, und an diesem Tag schmetterte ich den Refrain von Penny Lane, sang ihn noch auf dem Weg zur Toilette, die auf dem Zwischenstock Richtung Ausgang liegt und endete mit dem letzten Takt vorm Pissoir.

Ich hörte Schritte und wandte mich zur Tür. Da stand Fräulein Nötger.

»Was machen Sie noch hier?« – »Es riecht gut. Nach Urin.« Sie mußte verrückt geworden sein. Sie kam auf mich zu und öffnete ihre Bluse. Sie hatte volle apfelrunde Brüste. »Herr Wenker, ich liebe Sie und möchte Sie bitten, meine Blöße zu beachten.« – »Fräulein Beate, Sie müssen ins Krankenhaus.« – »Ja«, sagte sie und zog mit beiden Händen ihr mittellanges, rotblondes Haar hoch, höher. Es war eine Perücke. Fräulein Nötger hatte eine Glatze.

»War das schon immer so?« – »Nein, seit letztem Freitag.« – »Sie haben eine gute Perücke. Gehen Sie jetzt nach Hause. Es gibt sich wieder. Es ist die Sikasis. Das hat man jetzt häufiger.«

2

Ingrid war guter Laune. Beim Abendessen, das wir gewöhnlich in der Wohnküche einnahmen, erzählte sie, daß Sänger sie persönlich ins Grand Hotel gefahren hatte, wo eine Fernsehshow mit der Mode für den kommenden Winter aufgezeichnet wurde. »Ich bin über das Alter hinaus, kurze Röcke vorzuführen. Sänger ist da ganz rigide. ›Vierzig‹, sagt er, ›ist für ein Model die absolute Grenze, da können die Beine sein, wie sie wollen.‹ Also führte ich einen langen Waschseidenmantel vor und hatte darunter meinen privaten Mini an. Nach der ersten Passage sagte der Fernsehmoderator zu mir: ›Öffnen Sie den Mantel, gnädige Frau, es ist vorteilhaft.‹ Sänger schien nicht dieser Meinung. Er fuchtelte mit den Armen herum. Die Kamera aber lief schon, Sänger konnte nichts sagen, und der Moderator nickte mir aufmunternd zu.«

Unsere beiden Sprößlinge, die zehnjährige Sybille und Stefan, der gerade das dreizehnte Lebensjahr vollendet hatte, hörten gar nicht zu. Sie interessierten sich nicht dafür, welche Kleider ihre Mutter vorführen mußte.

Sybille hatte in der Mathematikarbeit eine Vier, was als Erfolg verzeichnet wurde. Sie war schwach im Rechnen, und ihre Fähigkeit, die schönsten Landschaften nach der Natur, also mit Perspektive und passendem Licht zu malen, brachte ihr zwar Sympathie ein, aber keinen Ausgleich zur schwachen Note in Mathematik. Im Deutschen hingegen war sie Klassenbeste. Wir hatten ihr auf eine kindgemäße, spielerische Weise eine für ihr Alter recht erlesene Ausdrucksweise beigebracht. Seit ihrem dritten Lebensjahr stellte sie sich einmal pro Woche auf den Wohnzimmertisch, und ihre Aufgabe war, mindestens drei, wie wir es nannten, schöne Worte zu sagen. Da sie jedesmal auf eine Belohnung hoffen durfte, brachte sie es bald auf fünf, später gar auf über vierzig Worte.

Ich erinnere mich der ersten Übung. Es war an ihrem dritten Geburtstag. Da stand sie in ihrem plissierten blauen Röckchen oben auf dem Tisch und sagte: »Sonne, Mami, Blümelein.«

Sybille erzählte, daß in der Klasse fünf Mädchen und drei Buben an Haarausfall litten. Sie sähen komisch aus. Peter Denks, der Junge aus der Nachbarschaft, hätte mehr kreisrunde Glatzenstellen als Haare auf dem Kopf.

Der Biologielehrer hatte gesagt, sie sollten die Kopfhaut mit neunzigprozentigem Alkohol massieren, es sei ein regelrechter Pflegenotstand zu verzeichnen.

»Wir mußten furchtbar lachen, als Peter Denks zum Spaß nach Läusen suchte, sich am Hinterkopf kratzte und plötzlich ein Büschel Haare in der Hand hielt. Der Biologielehrer rief Peter nach vorn und ließ sich die Haare geben, um sie unterm Mikroskop zu untersuchen.«

Stefan mischte sich ein: »Es ist die Percutia meltis. Ich habe es im Radio gehört. Manche behaupten, es sei die Sikasis, eine an sich harmlose Epidemie, die man aus der

Mitte des 17. Jahrhunderts kennt.« Stefan hatte ein phänomenales akustisches Gedächtnis. Er behielt ganze Politikerreden, die er im Radio oder im Fernsehen gehört hatte, und kein Fremdwort, das er einmal vernommen hatte, kam ihm je wieder abhanden. Damals glaubten wir noch, es könnte etwas werden aus ihm.

Ich war es an diesem Abend leid, von Krankheiten und Epidemien aus vergangenen Jahrhunderten zu hören und bat Ingrid, den Tisch abzuräumen.

Die Fernsehnachrichten zeigten den Kanzler, der von wirtschaftlichem Aufschwung sprach und von der notwendigen Solidarität aller, die in Frieden und Freiheit leben. Nach diversen Auslandsmeldungen wurde über das Urteil im Fall Kohlberger berichtet. Unsere Nachbarn Kohlberger hatten nicht verhindert, daß ihr vierzehnjähriger Sohn Heribert mehrmals (nachweislich zweimal) im Fluß gebadet hatte. Bei einem Sonntagsspaziergang hatte ihm sein Vater an der ehemaligen Holzbrücke die Stelle gezeigt, wo er (und auch ich dereinst) als Junge im noch giftfreien Flußwasser zum Baden gegangen war. Die Anklage wegen fahrlässiger Tötungsabsicht wurde fallengelassen, und die Eheleute Kohlberger erhielten ein Jahr Haft auf Bewährung wegen schwerer Verletzung der Aufsichtspflicht.

Der Wetterbericht war gut, das Hoch blieb konstant.

3

Der folgende Tag verlief normal. Vor der Mittagspause schob mir Fräulein Nötger mit einem Packen einzulösender Schecks einen Zettel in die Kasse.

»Sehr geehrter, lieber Herr Wenker! Ich bedaure meine Entgleisung nach gestrigem Dienstschluß. Trotzdem möchte ich für die Zuwendung danken, die ich an ungelegenem Ort von Ihnen erfahren durfte.« Beate Nötger war ein bedauernswerter Mensch.

Ich schaute vom Zettel hoch und traf ihren Blick. Obwohl sie sofort den Kopf senkte, machte ich in ihre Richtung eine Verbeugung, wie ich sie in der Tanzstunde gelernt hatte. Mit dieser Geste durfte ich den Fall als erledigt ansehen.

Ingrid war beim Friseur gewesen. Als ich Abends heimkam, öffnete sie mir strahlend die Tür. Sie trug die linke Seite nach hinten gekämmt, und rechts verlängerte ein passendes Fremdteil ihr dunkelbraunes Haar bis zur Taille.

Sie war bester Laune. Sie hatte den Fernsehmoderator Schlier getroffen, der sie während der Show gebeten hatte, den Mantel zu öffnen. Er hat sie für Morgen zu Probeaufnahmen ins Studio eingeladen. »Es gibt ein großes Bedürfnis nach Frauen, wie ich es bin. Hast du das gewußt, Hans?« Sie lachte, und ich lachte mit.

Die männliche Bekanntschaft meiner Gattin störte mich in keiner Weise. Wir hatten in unserer Freizeit, außer bei den zweiwöchentlichen (vom Staat finanziell geförderten) Tanzkursen, kaum Gelegenheit, mit anderen Menschen zusammenzusein. Und eine Frau wie Ingrid brauchte Anerkennung!

Josef Schlier galt als Exempel für eine saubere, objektive Berichterstattung. Vor drei Jahren hatte er es schlagartig zu einer gewissen Berühmtheit gebracht. Während der 8-Uhr-Nachrichten übernahm er spontan die Moderation des vormals beliebten Hans Ossendorf, der während einer Live-Sendung komplett versagte. Bei Verlesung der Nachricht über die Kämpfe in einem afrikanischen Krisengebiet sagte er: »Der Regierungssprecher bezifferte die Anzahl der Toten auf fünfzehn.« Dazu erschienen zwei Photos mit einem ganz normal zerfetzten Babykopf und einer Mutter durchschnittlichen Aussehens, die in fünf Stücke zerteilt war. Die an sich alltägliche Meldung gab Ossendorf nicht nur mit einem tief melancholischen Gesichtsausdruck zum besten, nein, unmittelbar nach seinem letzten Satz kotzte er derart ausgiebig Richtung Kamera, daß wir Zuschauer noch eine ganze Weile die halbverdauten Essensreste dieses Herrn quasi von hinten auf der Mattscheibe hatten, ehe die Regie endlich auf eine andere Kamera umschaltete, die zeigte, wie Herr Schlier auf dem Moderatorensessel Platz nahm und die Meldung mit der ihm eigenen Verbindlichkeit zu Ende brachte.

Lachend betrat ich mit Ingrid das Schlafzimmer, schloß die Tür und umarmte meine Frau. »Nicht die Frisur! Berühre nicht meine Haare!« Sie trat einen Schritt zurück. Dann nahm sie mit der Rechten das Haarteil vom Kopf. Der Kopf war zur Hälfte kahl. Sie schwenkte das Haarteil mit der Hand, begann sich in der Hüfte zu wiegen und warf die fremden Haare weg, wie eine Stripperin das Kleidungsstück wirft, öffnete ihre Bluse, warf sie, warf den Rock, bewegte ihren Körper wie zur Musik und lächelte mit weit aufgerissenen Augen, als ob sie in ein Publikum lächelte. Als sie ihren Slip abgelegt hatte, legte sie ihre Rechte auf die Stelle, wo früher die Schamhaare gewesen waren. Sie stand eine ganze Weile starr, lächelte noch, nahm dann die Hand weg und begann zu weinen. »Du hast es wunderbar kaschiert«, sagte ich, »ich hätte es gar nicht bemerkt.«

Sie hörte zu weinen auf. Sie war schön. Ihr unbehaarter Schamhügel erinnerte mich an Kinderspiele, wenn ich, der Onkel Doktor, die Wunde entdeckt hatte, die behandelt werden mußte. Mit einem Mal warfen wir uns auf den Teppich, und Ingrid juchzte wie ein kleines Mädchen. Erst als wir ruhig lagen, merkten wir, daß wir uns gegenseitig die Haare büschelweise vom Kopf gerissen hatten.

4

Drei Wochen später gab es keinen normalen Menschen, auf dessen Haut man noch ein einziges Haar hätte finden können.

Die Vorteile lagen auf der Hand. In den letzten Jahrzehnten hatten nicht nur wir Männer, sondern auch immer mehr Frauen, vornehmlich in den fortschrittlichen USA, mit den Problemen der Rasur zu tun, wobei vor allem das Rasieren der weiblichen Beine, bisweilen des Unterbauchs und vor allem der Achselhöhlen eine rechte Last war.

Zum ersten Mal in der Geschichte kam die Natur einem menschlichen Bedürfnis nach, und in der oft wenig sachlichen Diskussion um die Gründe des Haarausfalls obsiegten die Fortschrittsgenetiker über die konservative Naturfraktion. Letztere argumentierte mit CO-Analysen und übte sich, wie immer, in nebulöser, rein idealistischer Umweltkritik, während die Genetiker in stringenten Bildfolgen die Entwicklung des homo sapiens vom behaarten affenähnlichen Wesen zum haarfreien Menschen aufzeigten. Die Evolution hatte in diesen drei Wochen einen grandiosen Schritt nach vorn getan.

Wissenschaftsminister Zergendorf hatte, wie mir schien, Tränen in den Augen, als er der Bevölkerung diese Zusammenhänge in den Spätnachrichten mit unverhohlenem Stolz erklärte. Seinen Vorgängern, so betonte er, wäre das Glück versagt geblieben, einen solchen Moment zu erleben.

Die konkreten Auswirkungen waren erfreulich. In den öffentlichen Verkehrsmitteln, am Arbeitsplatz, aber auch zu Hause war eine Verbesserung der Luft zu konstatieren, die alle negativen Analysen der Umweltromantiker Lügen strafte. Der individuelle Körpergeruch, jene Geißel unseres Zusammenlebens, war weitgehend eliminiert.

Bei Omnisbusfahrten, aber auch im täglichen Schalterverkehr meiner Bank fiel mir auf, daß die Menschen sich offener in die Augen schauten. Im Zuge des Fortschritts schwand ein gut Teil jenes Schamgefühls, das früher unser Zusammenleben mehr bestimmte, als wir uns wohl eingestehen wollten.

Mit der allgemeinen Befreiung vom Haarwuchs erfuhr das Familienleben eine geradezu beglückende Wende ins, ich weiß nicht, wie ich es anders sagen soll, Unschuldige, ja Kindhafte. Wir erlebten Tage schieren Glücks, wenn wir das Wochenende bei den konstant hochsommerlichen Temperaturen in unserer Wohnung allesamt gänzlich unbekleidet verbrachten.

Am vorletzten Maiwochenende nahmen Ingrid und ich unser gemeinsames Wannenbad, das früher jeden Samstag Vormittag, nicht zuletzt wegen Ingrids doch recht ungezügeltem Temperament, in, heute muß ich sagen, dümmlichen sexuellen Exzessen endete. An diesem Wochenende aber holte Ingrid die zwei Schwimmenten der Kinder, und bald hatten wir großen Spaß daran, die Plastiktiere hin und her zu bugsieren, unterzutauchen und übers Wasser fliegen zu lassen, bis Stefan und Sybille hereinkamen. Sie stiegen zu uns in die Wanne und bemächtigten sich der Enten, die sie unter lautem Geschnatter über unsere Köpfe fliegen ließen.

Das Fernsehen zeigte Indiofamilien im Gebiet des ehemaligen Regenwaldes, bei denen der Haarausfall sich um zwei Wochen verzögerte. Auch auf Java gab es Nachzügler. Ein ganzes Dorf, das sich vor allem von Bananen ernährte, die dort noch auf einer kleinen Echtplantage wuchsen, verblieb zehn Tage länger als der Durchschnitt im alten Zustand.

Ende Mai aber war der evolutionäre Vorgang weltweit abgeschlossen, und zum ersten Mal in der Menschheitsgeschichte hatte man über alle Rassen- und Kulturunterschiede hinweg das Gefühl einer »weltumspannenden Unität«, wie Minister Zergendorf es formulierte.

Nicht alle Mitbürger teilten meine Glücksgefühle, und nicht wenige versuchten, mittels Perücken und sogenannter Schweißparfüms die alten, mit Verlaub wenig erstrebenswerten Zustände wieder herzustellen.

Das Straßenbild war uneinheitlich. Es gab Leute, die ihrer konservativen Gesinnung durch Perücken und allerhand Kopfbedeckungen Ausdruck gaben, andere, die ihre Kahlheit offen und mit Stolz präsentierten.

In der Bank hatte Herr Kern endlich ein Signal gegeben. Zu Beginn der letzten Maiwoche erschien er, gegen seine sonstige Gewohnheit, kahlhäuptig und folgte damit meinem Beispiel. Die andern fanden durch das Vorbild ihres Chefs zu einer Art Kompromiß, zogen in der Bank ihre Perücken aus und ließen Hüte und andere Kopfbedeckungen verschwinden, sobald die ersten Kunden erschienen. Herr Kost ging dazu eigens in die Toilette, zog sich jeden Morgen mit seiner wuscheligen schwarzen Perücke für ein paar Minuten zurück und kam dann mit natürlicher Glatze wieder, wobei er uns angrinste, als habe er eine Heldentat vollbracht. Beate Nötger war auf das Eigenartigste verkleidet: Über ihrer Perücke trug sie ein großes Kopftuch, so daß man nur bei genauerem Hinsehen das künstliche Haarteil erkennen konnte. Auch sie besorgte die Entkleidung bei einem stets als echt und dringend vorgetäuschten Toilettengang. Es gibt Menschen, die sich ihr Leben lang den Bedingungen der Natur widersetzen.

Nach Dienstschluß trat mir Fräulein Nötger auf dem Weg zum Bus entgegen. Sie hatte sich wohl in einem Hauseingang versteckt und mir aufgelauert. »Herr Wenker, ich möchte Ihnen etwas zeigen.« Sie zog mich in den Hauseingang, wir fuhren mit dem Lift in den siebten Stock. »Hier wohne ich mit meiner Mutter.« Sie öffnete die Tür zu einer weiträumigen Wohnung, die mit kostbarem altem Mobiliar bestückt war, goldgerahmte Gemälde an den Wänden, Porträts vor allem aus dem 17. und 18. Jahrhundert.

Ich war außerordentlich verblüfft, hatte Beate Nötger eher in einem 30-Quadratmeter-Appartement vermutet und stand nun hier in einer Art bürgerlichem Palast im obersten Stock eines modernen Mietshauses.

»Es sind an sich vier Wohnungen. Wir haben sie zusammengelegt.« Staunend folgte ich ihr durch zwei ineinandergehende Wohnräume, an deren Ende, zwischen allerlei exotischen Blattpflanzen, eine alte Dame saß. Ihr Haar fiel weißsilbern über die Schultern. »Sie sind also der Herr«, sagte die Alte, »an den meine Tochter Beate ihre Gefühle verschwendet.«

Weil mir nichts dazu einfiel, machte ich eine leichte Verbeugung und sagte dann: »Ihre Mutter hat eine sehr schöne Perücke.«

»Das ist keine Perücke«, sagte die Alte, »ziehen Sie mal!« Ich mußte lächeln. Wie eitel doch die Frauen sind!

»Nun versuchen Sie es doch!«, sagte Beate, und ich ging hin und riß mit einem Ruck die Perücke vom Kopf der Alten, das heißt, ich zog die Alte von ihrem Stuhl und schleuderte sie ins Zimmer, daß sie krachend zu Boden fiel. Ihr Haar war echt, es war mit der Kopfhaut verwachsen. »Mutter soll in eine Klinik«, sagte Beate, »ins Ausland. Was können wir tun?«

Die alte Dame erhob sich. Sie war unverletzt. Sie strich die Kleider glatt, setzte sich in ihren Fauteuil und bot mir einen Platz an. »Bis jetzt sind siebzehn Personen nachgewiesen, deren Körper sich, wie man es ausdrückt, der Natur versagt hat. Ich soll in eine Klinik. Ich habe Protest eingelegt. Wenn es sich nicht verhindern läßt, bitte ich Sie, ein Auge auf meine Tochter zu werfen. Falls Sie sie lieben, trennen Sie sich von Ihrer Familie und heiraten Sie Beate. Falls das nicht geht, kümmern Sie sich um sie in Freundschaft oder, wenn es denn nicht anders sein kann, aus rein ökonomischen Gründen. Für alle drei Fälle habe ich einen Verrechnungsscheck auf Ihren Namen hinterlegt.«

»Sag Herrn Wenker die Summe, Mutter.« – »Es reicht. Küssen Sie mir die Hand!«

Ich küßte ihre Hand und verabschiedete mich.

5

Als es noch Tiere gab, hatten wir zwar öfter Fleisch gegessen, aber die Familie kam mit der fleischlosen Ernährung gut zurecht. Die Kinder liebten Blumenkohl in allen Varianten, und ich hatte ein ausgesprochenes Faible für Blattspinat.

Auch die Tiere selbst vermißten wir kaum. Wir gingen mit den Kindern noch zweimal in den Zoologischen Garten, solange dort die drei Bären und eine zwölfköpfige Kolibrifamilie durch geschickte Medikation am Leben gehalten wurden.

Dann war dieses Kapitel zu Ende. Am 20. März schloß der Zoo für immer seine Pforten, und vor allem Stefan redete noch eine ganze Zeit über den Braunbären Schorschi, den der Pharmakonzern KaTa gesponsert hatte.

Stefans anhaltende Erinnerung an den Bären war wohl weniger auf das Ableben der Tiere als auf die Ungeschicklichkeit eines Pädagogen zurückzuführen. Sein Deutschlehrer Dr. Peter Jacobi folgte in beamtenmäßiger Sturheit dem nichtaktualisierten Lehrplan und ließ die Kinder einen Aufsatz schreiben mit dem Titel: »Mein schönstes Tiererlebnis«. Stefan verfaßte in einer Stunde nur eine Zeile. Er schrieb: »Der Bär ist tot« und erhielt dafür die Note ungenügend.

Ingrid suchte Oberstudienrat Dr. Jacobi am nächsten Tag auf und legte vergeblich Protest ein. Der Mann gehörte zu jenen Konservativen, die, stets rückblickend, an der Realität und ihrer natürlichen Entwicklung vorbeileben.

Um die Wahrheit zu sagen, es war mir um die Tiere nicht sonderlich leid. Die Beziehung der Städter zu Hunden, Katzen und Wellensittichen schien mir schon immer ein Fall für die Psychiatrie, und über den plötzlichen Mangel an Fliegen, Mücken, Wespen, Ratten, etc. mochte ich mich nicht beklagen.

Zu Stefans Trost machten wir einen Sonntagsausflug mit den Fahrrädern ins Siederwäldchen. Beim Picknick behauptete der Junge, auf den geschälten und sauber geschichteten Fichtenstämmen einen Borkenkäfer entdeckt zu haben. Ich mußte hellauf lachen. Ingrid aber ging zum Schein auf seine Phantasien ein und begleitete ihn zum Fundort. Dort war nichts zu sehen. Der Junge aber behauptete wochenlang, das Tier in lebendigem Zustand gesichtet zu haben.

6

In der Bank tat sich Erfreuliches. Herr Kern ließ mich zu sich rufen, bat mich, Platz zu nehmen, und öffnete, ganz gegen seine Gewohnheiten, soweit sie mir bekannt waren, eine Flasche Champagner.

»Sie waren mir ein Vorbild, Herr Wenker, ohne Sie hätte ich es nicht so zeitig fertiggebracht, ohne Perücke in die Bank zu kommen. Nicht aus Kalkül, sondern aus einer wohl angeborenen natürlichen Haltung heraus haben Sie sich vom ersten Tag an als Perückenfeind gezeigt und durch ihr fortschrittliches Verhalten uns alle daran erinnert, daß Mensch und Natur eine unverfälschbare Einheit bilden.

Zudem hat sich unser Umsatz merklich gesteigert. Gerade jene Kunden, die als Perückenträger ein unbewußtes Schamgefühl verspüren, besuchen gern und häufiger als zuvor ein Institut, wo sie Menschen aufrichtigen, natürlichen Charakters als Partner finden.«

Er las die Worte zum Teil von einem Schriftstück ab, das er wohl dem Präsidenten vorzulegen hatte. Dann prostete er mir zu, und wir tranken ein ganzes Glas, ehe er in freier Rede fortfuhr: »Sie werden befördert, Herr Wenker. Wie Sie wissen, steht dem Filialdirektor alle sechsunddreißig Monate eine Beförderungsmöglichkeit zu. Ich hatte an sich an Herrn Kost gedacht und habe meinen Entschluß dann geändert, obwohl die Beförderung in ihrem Fall nur den Titel und, in bescheidenem Ausmaß, das Finanzielle betrifft, nicht aber eine veränderte Position in der Realhierarchie, kurz: ich ernenne Sie zum Oberkassierer, ohne daß wir einen zweiten, das heißt einen Ihnen untergebenen Kassierer vorzuweisen hätten. Der Präsident hat meinen Entschluß telefonisch bereits ausdrücklich gutgeheißen.«

Er bat mich, den Rest Champagner für einen kleinen Umtrunk mit den Kollegen zu verwenden. Ich kaufte drei halbe Flaschen Riesling-Sekt dazu, und wir erlebten nach Dienstschluß zweieinhalb ausgelassene Stunden. Werner Kost sprach mir mehrmals seine Glückwünsche aus, und der altgediente Kollege Hinz vom Buchhaltungscomputer nahm mich gar in seine Arme und sagte, er habe jetzt einen Oberkassierer zum Freund.

Beate Nötger trank nichts und gab sich sehr zurückhaltend, was mir nicht unangenehm war. Einmal legte Herr Kost seinen Arm um ihre Schultern. Das irritierte mich über Gebühr. Als Beate gegen Ende des Umtrunks sich eine Vertraulichkeit herausnahm, die mich ansonsten beschämt hätte, fühlte ich mich geradezu geschmeichelt. Sie sagte: »Trink nicht soviel, Hans!«, worauf Werner Kost einen von allen als peinlich empfundenen Lachanfall erlitt.

7

Wie ich auf dem Einwohnermeldeamt in Erfahrung bringen konnte, stammte die Mutter von Beate Nötger aus Sofia. Sie kam einst als jüngste Tochter des ehemaligen bulgarischen Königs zur Welt, war mit sieben Jahren zwangsemigriert und hatte mit vierunddreißig in Goslar den pommerschen Diplomingenieur Wilhelm Notger geheiratet.

Bei meinem zweiten Besuch – Beate hatte mich gebeten, ihrer Mutter die Ehre zu erweisen, sie noch einmal aufzusuchen, ehe sie, mit großer Wahrscheinlichkeit, die Reise in die ferne Klinik anzutreten hatte – traf ich sie wieder zwischen den exotischen Blattpflanzen an. Ich näherte mich ihr und verbeugte mich. »Es ist mir eine Ehre, Prinzessin Angelika.« – »Sagen Sie einfach Frau Nötger zu mir, das reicht.«

Ich entschuldigte mich wegen der Perückenaffäre. Sie lachte nur und strich mit ihren beringten Händen über die silbrige Mähne. Ich verstand ihr Lachen als eine Art Schutz und lachte ebenfalls, wenn auch aus anderem Grund: ihr Echthaar ließ sie mir ganz unmenschlich erscheinen, und sie erinnerte mich mehr an eines der früheren Tiere, das Pferd, als an meine, wenn auch vorgefaßte Vorstellung von einer lebenden Königstochter. Prinzessin Angelika paßte nicht in unsere Zeit.

»Meine Verehrung«, flüsterte ich und bat sie dann, mir den Verrechnungsscheck zu zeigen. »Wie werden Sie, falls Sie den Scheck entgegennehmen, das Geld anlegen, junger Mann?« – »In Nahrungsmitteln, sehr wahrscheinlich.« Eine Weile war Schweigen. Dann sagte die Königstochter: »Sie haben mehr Weisheit, als ich annehmen durfte.«

Beate winkte mich zu einer Tür. Wir betraten einen abgedunkelten Raum. Dort standen, eng aneinandergerückt, ein gutes Dutzend alter Schränke, Truhen und Vitrinen. Alles war mit einer dicken Staubschicht belegt, und der Boden war so ungepflegt, daß wir Fußspuren hinterließen. Hinter dem Glas der Vitrinen war kostbares Porzellan erkennbar, mehrere ledergebundene Bücher mit Goldschnitt standen da und Becher und Krüge aus Gold und Silber. Beate sagte: »Das ist der bulgarische Schatz.«

Sie stand so dicht vor mir, daß ich ihr Kleid spürte. »Willst du zumindest eine der Bedingungen erfüllen, die meine Mutter gestellt hat?«

Ich nickte, sie griff nach meinem Schwanz, und während sie meine Hose öffnete, hörten wir Stimmen von nebenan. Zwei Beamte vom Amt für öffentliche Ordnung holten Prinzessin Angelika ab und baten sie, die Einzugsermächtigung für die Heimkosten zu unterzeichnen.

Beate machte keinerlei Anstalten, ihrer Mutter zu Hilfe zu kommen. Vielmehr hob sie ihr Kleid. Sie trug nichts darunter. Der Anblick versetzte mich in Staunen. Ihre Scham war dicht behaart. »Ist das echt, Fräulein Beate?« – »Es ist ein Toupet mit Doppelklebeband«, flüsterte sie und fügte hinzu: »Ich habe es aus Liebe getan.«

Ich kann nicht sagen, daß ich angewidert war, aber ich identifizierte das weibliche Geschlecht inzwischen ausschließlich mit seinem kindhaften Zustand, und nur die haarlose Unschuld vermochte mich zu erregen.

Während sich Beate Nötger enttäuscht von mir abwandte, verließen die Beamten mit der alten Prinzessin die Wohnung. »Ich schreibe Euch«, hörten wir die Mutter noch rufen, dann zeigte mir Beate die Schatulle mit dem Verrechnungsscheck. Sie sagte: »Wir sollten uns zumindest geschwisterlich duzen, Mutter zuliebe.«

Während ich nickte, öffnete sie die Schatulle. Der Scheck lag unter zwei Rohdiamanten und einigen Platinringen und belief sich auf 7,3 Millionen. Ich nahm ihn an mich, erkundigte mich wegen des doch recht hohen Betrags nach der Realdeckung und verabschiedete mich kurz und kühl.

Beim Verlassen des Hauses hatte ich eine Art Hustenanfall. Lange war ich nicht einer solchen Menge von Staub ausgesetzt gewesen.

Selbst auf den Straßen herrschte damals eine Sauberkeit, der gegenüber die bulgarische Schatzkammer ein Dreckhaufen war. Jeder Bürger trug das kleine Müllsäckchen bei sich, in das nicht nur die eigenen Abfälle, sondern auch all das gesteckt wurde, was trotz der allgemeinen Achtsamkeit, wo und aus welchem Grund auch immer, liegengeblieben war. Das an sich schwierige Einsammeln der Haare wurde durch den Umstand begünstigt, daß private Perückenmacher ab hundert Gramm Echthaar eine schöne Summe zahlten, und manches Kind hat sich damals einen Batzen Taschengeld verdient. Auf diese Weise hatten die Herstellung und das Tragen von Haarteilen doch auch ihr Gutes gehabt. Die Entwicklung näherte sich dem, wenn auch nie ganz zu erreichenden Ideal der staubfreien Stadt.

8

Lange Zeit ließen die hygienischen Verhältnisse sehr zu wünschen übrig. Das allgemeine Tiersterben hatte sich über sieben Monate hingezogen.

Das Vieh insgesamt war zu einer argen Plage geworden. Allerlei wildes Getier, aber auch Nutzvieh, Weidekühe und Mastschweine waren bis in die Zentren der Städte vorgedrungen, um auf Straßen, Plätzen, Hinterhöfen, vor Cafés, auf den Stufen des staatlichen Museums, das heißt überall, zu verenden. Man behauptete damals, die Tiere suchten bei den Menschen Hilfe. Als ob wir nicht selbst genügend Probleme gehabt hätten!

Das Treiben wurde um so unerträglicher, als die Viecher die sogenannte Häutung zum Teil noch in der Stadt vornahmen und nicht wenige ihre eigene Haut oder die der Artgenossen verzehrten. In jedem Stadtviertel gab es mehrere Hautsammelstellen. Die Gerberbetriebe waren, freilich nur für kurze Zeit, groß ins Geschäft gekommen (Hattenbach und Co. hatten wir zu jener Zeit leichtsinnigerweise einen Langzeitkredit von sieben Millionen eingeräumt), bis man feststellen mußte, daß die Lederprodukte aus den Häutungen nach kurzer Zeit erst einen bläulichen Schimmel ansetzten und dann regelrecht zerbröselten.

Just vor dem Eingang unseres Bankinstituts stand eines

Morgens eine Milchkuh, ganz ohne Haut. Durch die zellophanartige Hülle, die von der Wissenschaft als Resthaut bezeichnet wurde, waren die inneren Organe und die Eingeweide zu sehen. Das Herz schlug noch kräftig, und das Tier brüllte, nur durch langes röchelndes Luftholen unterbrochen, mehrere Stunden lang. Den Anblick war man gewöhnt, aber diese Kuh stand unmittelbar vor unserem Institut, und ihr Gebrüll hatte unangenehme Folgen für mich. Nicht, daß die Kundschaft abgehalten wurde! Es war die Präzision meiner Arbeit, die derart unter dem Gebrüll litt, daß ich mich innerhalb von zwei Stunden dreimal verzählte. Nur meiner langjährigen Erfahrung war es zu verdanken, daß ich die Fehler auf der Stelle korrigieren konnte.

Nach dreieinhalb Stunden war endlich Ruhe. Das Tier war gekippt. Es lag starr vor unserer Tür. Ich sah, wie einer der zahlreichen Straßenmetzger die Kuh schächtete, möchte aber schwören, daß das Tier sich schon zur ewigen Ruhe begeben hatte, ehe das Messer die letzten Tropfen Blut herausholte.

Nur diplomierte Metzger und Fleischhauer hatten die Erlaubnis, Tiere zu schlachten, bzw. notzuschlachten.

Ein nicht geringer Prozentsatz der Straßenmetzger jedoch war völlig unterqualifiziert. Durch Schnellehrgänge der Fleischerinnung konnte zwar dem größten Notstand begegnet werden, auch sank die Arbeitslosenzahl auf erfreuliche Weise, aber bei einem Spaziergang durch die Stadt konnte man sich des Eindrucks nicht erwehren, daß zumindest fünfzig Prozent der Angelernten ihr Handwerk nur unzureichend oder gar nicht beherrschten.

Am Schillerdenkmal machte ich einen dieser Dilettanten, der beabsichtigte, einen großen, hautlosen, noch im Brüllen begriffenen Hirsch abzustechen, darauf aufmerksam, daß er sein Schlachtermesser falsch herum hielt. Er nahm mich erst gar nicht wahr, drehte aber dann das Messer langsam von sich weg und sagte, wohl um seinen Fehler zu vertuschen: »Ich bin für diesen Beruf wenig geeignet, und als ehemaliger, das heißt nutzloser Biologe unterliege ich bisweilen der Versuchung, das Messer lieber gegen mich zu wenden als gegen eines der letzten tierischen Geschöpfe.« Kaum konnte ich ein Lächeln über den Grad seiner beruflichen Unterqualifizierung verbergen, und als ich mich abwandte, um davonzugehen, mußte ich beobachten, wie der Hirsch tot zusammenbrach, ohne professionell geschächtet worden zu sein.

Es lagen damals recht viele Kadaver in der Stadt, und das zahlreiche Aufräumpersonal kam mit der Arbeit nicht nach, vor allem nachdem die Straßenmetzger in langwierigen gewerkschaftlichen Verhandlungen von der Räumpflicht entbunden worden waren. Mehr als zwei Wochen lagen die Aufräumarbeiten brach, weil die Herren von der Müllabfuhr diese, zugegebenermaßen schwere Tätigkeit als außerhalb ihres Arbeitsbereichs bezeichneten. Erst nach langwierigen Tarifverhandlungen, die einen erheblichen Aufschlag zum Basislohn inclusive einer zwanzigprozentigen Urlaubserweiterung zur Folge hatten, wurde die Arbeit voll in Angriff genommen. Mancher Müllarbeiter verdiente in jenen Tagen mehr als der Oberkassierer einer Bank. Den Friedensplatz konnte man wochenlang nicht überqueren, und selbst wenn man sich auf die Bürgersteige beschränkte, mußte man manchen Umweg in Kauf nehmen.

Man muß gerechterweise sagen, daß die Tätigkeit der Müllarbeiter auch nach Lösung der Tarifprobleme erschwert wurde durch andauernde arbeitsrechtliche Streitigkeiten mit den Straßenmetzgern. Nicht selten befanden sich zwischen den Kadavern noch lebende Artgenossen, die an sich in den Kompetenzbereich der Metzger fielen. Nahe der Bushaltestelle am Stratinger Platz konnte ich in einem Haufen verendeter Mastschweine ein Tier beobachten, das noch bei Atem war. Obwohl eine Dutzendschaft Ratten sich bereits in seine Innereien durchgeknabbert hatte, wobei die ekligen Nager selbst schon dem Verenden nahe waren und kein Stück Haut mehr am Leibe hatten, handelten die Müllarbeiter im streng juristischen Sinne fahrlässig. Sie entfernten den Haufen restlos. Ein Metzger, der wie ich auf den Bus wartete, notierte die Nummer des Müllfahrzeugs und versicherte den Umstehenden, Anzeige zu erstatten.

Erfreulicherweise ist der menschliche Geruchssinn einer Gewöhnung unterworfen, die schon nach wenigen Tagen als natürlich erscheinen läßt, was vorher, man muß schon sagen, ekelerregend war.

Nach der endgültigen Beseitigung aller Kadaver aber

spürte man, daß die Luft von einer angenehmen, ja neuartigen Klarheit war. Als wenige Wochen später durch
das Ende der menschlichen Behaarung endlich auch der
Schweißgeruch verschwand, erreichte diese Klarheit einen Zustand, den in dieser Vollkommenheit die Natur
dem Menschen früherer Tage vorenthalten hatte.

Als Passant nahm man auf dem Heimweg schon mal
eines der Tiere mit. Vor allem Fasane, das Rebhuhn und
anderes kleinwüchsiges Wild erfreuten sich großer Be-
liebtheit, da man auch im Normalfall diese Tiere nach
dem Verenden ein paar Tage, ohne sie auszunehmen, ru-
hen läßt, um den typischen Wildgeschmack zu intensi-
vieren. Das auf den Bürgersteigen eingesammelte Feder-
vieh hatte den zusätzlichen Vorteil, daß man es nicht
rupfen mußte, da die Tiere ihr Federkleid meist schon
lange abgelegt hatten, ehe sie in den Städten verendeten.

Das letzte Tier, dem ich noch nach dem Zoobären
Schorschi begegnet bin, war eine Stubenfliege, die auf eine alltägliche, aber man könnte sagen, gerade deshalb
groteske Weise ihr Leben beendete.

Es waren zuletzt drei Fliegen in unserem Haus. Eins
der Tiere wurde von Stefan, wie er kurzfristig behauptete, gerettet. Der Junge sperrte die Fliege in eine Zünd-
holzschachtel, die nach zwei Stunden zum großen Entsetzen des Kindes zum Sarg wurde.

Eine zweite Fliege wurde von Ingrid beim Hinschei-
den beobachtet. Ingrid erzählte später, daß sie sich dabei
an die Zeit erinnerte, da sie als Kind mit Interesse zuzu-

schauen pflegte, wenn eine der damals ungezählten Fliegen auf dem Rücken lag, erst noch mit allen Beinen, dann mit drei, zwei und schließlich nur noch mit einem Bein zappelte, um nach kurzer Zeit still zu liegen. Dieses Mal konnte Ingrid eine Variante beobachten. Das Tier lag wie gewohnt auf dem Rücken, zappelte aber von Beginn an nur mit einem Bein. Der Vorgang dauerte jedoch eine ganze Stunde. Ingrid wich nicht von der Stelle. Sie schien den Sinn für Zeit und Dauer verloren zu haben. Ihr liefen Tränen übers Gesicht, wobei das Hinsterben des Tieres zum Anlaß wurde, über die eigene Kindheit zu sinnieren, jene Tage, da ihr Vater die Familie verlassen hatte, weil die Mutter in steigendem Maße der Melancholie verfallen war, die ihr in kurzen Schüben von Aktivität meist nur die Zeit ließ, Schnaps zu kaufen und ihre beiden Kinder, Ingrid und den jüngeren Bruder Karli, zu verprügeln.

Als Ingrid meine Aufmerksamkeit auf das sterbende Insekt lenkte, verspürte ich eine haptische Irritation auf meinem linken Unterarm. Die dritte Fliege hatte sich, ohne daß ich ihren Anflug bemerkt hätte, auf meiner Haut niedergelassen, und wie automatisch, nicht ahnend, daß ich dieses ultimative Exemplar wohl zu schützen verpflichtet gewesen wäre, schlug ich mit der rechten Hand zu und traf.

Mir wurde bewußt, daß ich gleichsam eine historische Tat begangen hatte. Zumindest in unserem Haus war nun Schluß mit den Tieren. Ich erlitt einen regelrechten

Lachkrampf, während Ingrid mich ohne jedes Verständnis mit ihren verweinten Augen anstarrte.

Das ist nun recht lange her, und wenn ich damals auf dem heutigen Wissensstand gewesen wäre, hätte ich Ingrids Verhalten als beginnendes Abgleiten in jene Melancholie diagnostizieren können, die sie von ihrer lebensuntüchtigen Mutter geerbt haben muß.

9

Anfang Juni überkam mich eine bis dahin unbekannte Lust, Fleisch zu essen, die von Ingrid mit einer Begeisterung unterstützt wurde, die mir im nachhinein wie ein erstes Signal für die große Veränderung in unserem Zusammenleben erscheint.

Seit dem Ende der Tierwelt waren Surrogate auf dem Markt, aus Soja, Farn bzw. Farnsekret für Gulasch, Rinderschmor- und Schweinebraten und aus Graupenmehl für das sogenannte »Wienerschnitzel à la nature pure«.

Ich hatte mich nie recht dafür begeistern können, akzeptierte die Fleischsurrogate jedoch als willkommene Abwechslung im Küchenplan, zumal sie in Aussehen und Aroma dem herkömmlichen Echtfleisch in nichts nachstanden. An diesem Tag jedoch übergab ich mein Schnitzel schon nach dem zweiten Bissen der Kanalisation.

Ingrid war mir auf die Toilette gefolgt und legte, als ich mich des ekelhaften Graupenfleischs entledigt hatte, ihre Arme um mich. Nachdem auch sie ihr Schnitzel mit weitgeöffnetem Mund in die Kloschüssel gegeben hatte, geschah etwas, über das ich lange herumgerätselt habe. Zum ersten Mal in meinem Leben verlor ich die Kontrolle über mich, und das war das Ende der schönen Unschuld jener Tage.

Ich mußte beobachten, wie meine Hand nach unten fiel, die Toilettenbürste ergriff und sie Ingrid, die sich gerade erst ihres Schnitzels entledigt hatte, von hinten in die haarlose Kinderfotze steckte. Dann stellte ich sie mir zurecht und fickte sie in den Darm, ein Vorgang, der mich, insgesamt gesehen, früher mit Abscheu und Verachtung erfüllt hätte, jetzt aber auf eine Weise befriedigte, die mich irritierte, zumal Ingrid das Ganze zu genießen schien. Sie riß sich ihr Kleid vom Leib, krallte die Hände in ihre Brüste und schrie wie ein Tier, als ich ihr in den Arsch spritzte. Ich kann mich erinnern, daß ich die letzten beiden Worte des vorangehenden Satzes, die meinem Wortschatz (in dem die normalsexuellen Ausdrücke durchaus ihren Platz hatten) damals an sich fremd waren, daß ich diese beiden Worte also aussprach, indem ich (der exakten grammatikalischen Form erinnere ich mich allerdings nicht mehr) laut schreiend verbalisierte, was ich tat, worauf Ingrid in recht befremdlicher Weise zu lachen anfing.

Die Kinder kamen aus dem Eßzimmer gelaufen, und

es gelang mir gerade noch, mit dem Fuß die Toilettentür zu schließen. Ich bin mir aber bis heute nicht sicher, ob Stefan uns nicht doch gesehen hatte. Er flüsterte draußen mit Sybille, die zu kichern begann, und schließlich riefen beide: »Wir wollen noch ein Schnitzel!«

Ingrid saß auf der Kloschüssel, und sie schaute mich offen und geradezu entspannt an, als sie sagte: »Ich habe ein Verhältnis mit dem Fernsehmoderator, wir müssen darüber sprechen.«

In einem lebhaften mehr als zweistündigen Partnergespräch faßten wir den Entschluß, zunächst auf einige Änderungen in unserem Eßverhalten hinzuarbeiten.

Durch einen Bankkunden, Herrn Dattler, wußte ich vom illegalen C-Markt in der Müllerstraße, wo zu horrenden Preisen Fleisch angeboten wurde. Dattler hatte dort einen Stand und zahlte dreimal pro Woche, jeweils in den Morgenstunden, um die 100.000 bar bei mir ein.

Ich wehrte mich eine ganze Zeit, den Schritt ins Illegale zu wagen, obwohl mir bewußt war, daß der Markt von den staatlichen Stellen im Grunde geduldet wurde. Ingrid zeigte damals viel Verständnis für mich.

10

Beate kam mit mehr als zehnminütiger Verspätung in die Bank. Sie trug weder Kopfbedeckung noch Perücke. Erst jetzt kam ihre ausgesprochen schöne, ins Slawische tendierende Kopfform richtig zur Geltung. Sie strahlte mich an, und ich war, das Gegenteil behaupten hieße die Unwahrheit sagen, hingerissen.

Nach Dienstschluß folgte ich ihr in die Wohnung, und was ich dort sah, versetzte mich in Erstaunen. Die exotischen Pflanzen, ein naturähnliches Plastikprodukt, waren entfernt. Helles Licht durchflutete die Wohnräume, und die alten Porträts erschienen mir wie neu gemalt.

Sie führte mich in die Schatzkammer. Auch hier strömte Tageslicht ein, und es blitzte vor Sauberkeit.

Ich wußte, was jetzt geschehen würde, und konnte, ja wollte es nicht verhindern. Beate nannte es die altbulgarische Art. Dabei beißt die Dame ihre Schneidezähne leicht in den Schaft und erreicht durch Öffnen und Schließen der Kehle, begleitet von einer nur durch lange Übung zu erreichenden schnellen Bewegung des Gaumenzäpfchens, eine geradezu explosionsartige Entladung.

Ehe ich nach Hause ging, sagte ich ihr etwas, das mich selbst maßlos überraschte und mir lange zu denken gab, während sie wohl, und nur so konnte ich ihren strahlenden Gesichtsausdruck deuten, geradezu darauf gewartet hatte. Ich sagte: »Beate, du bist eine Sau.«

In aller Regel hatte ich früher im unmittelbaren Umfeld von Liebesaktionen (im Bedarfsfall) wohl das übliche Vokabular benutzt, plötzlich aber bediente ich mich einer Redewendung, die meinem Wortschatz an sich fremd war!

Immer war ich ein überzeugter Anhänger der staatlichen Sexualkampagnen gewesen, deren Ursprung – und viele werden sich dessen kaum noch erinnern – in einer Auseinandersetzung um verbale Äußerungen im Bereich der Liebe gründete.

Auslöser der 1. Kampagne war die eher lächerliche Betrugsklage einer gewissen Hedda Redwitz, 43. Frau Redwitz hatte einen Herrn Dinkel verklagt, weil er sie auf angeblich betrügerische Weise zum Sexualverkehr überredet hätte.

Die Redwitz gab an, Herr Dinkel habe Worte wie »Liebe«, »Gefühl«, »kleiner Schmetterling«, »ewige Treue«, etc. benutzt, die in Wahrheit jeder realen Basis entbehrten, da der Herr nach dem Sexualvollzug auf Nimmerwiedersehen verschwand.

Vor Gericht machte Herr Dinkel geltend, daß er sich über die Worte wenig Gedanken gemacht habe. Er habe sie quasi zitiert, weil sie seit jeher Teil des geschlechtlichen Vorgangs wären. Die meisten Zitate hatte er verschiedenen Filmen entnommen, mehrheitlich dem beliebten amerikanischen Werk »Auf Wiedersehen Frau Gabler«.

Hedda Redwitz brachte vor, sie sei durch das verbale Vorgehen des Herrn getäuscht worden, da sie mit dem Geschlechtsakt unabdingbar das Gefühl der Liebe verbinde und ohne jenes Gefühl jedwede sexuelle Handlung ausschließe.

Als der Richter sie bat, mehr über dieses sogenannte Gefühl zu berichten, verwies sie ebenfalls auf den Film »Auf Wiedersehen Frau Gabler«.

Das Gericht sprach den Angeklagten daraufhin frei und stellte fest, die Authentizität sogenannter Liebesgefühle sei nicht nachweisbar. Die staatliche Sexualkommission wurde um ein klärendes Wort gebeten.

Die Kommission veröffentlichte bald darauf ihre 1. Kampagne und stellte im Reflex auf das Gerichtsurteil fest: oberstes Prinzip der Sexualbetätigung ist die absolute individuelle Freiheit. Es sei daher an sich nichts dagegen einzuwenden, wenn das Wort »Liebe« mit allerlei poetischen Zitaten wie »kleiner Schmetterling«, etc. umschrieben werde. Es gelte aber zu beachten, daß der fragliche Begriff (»Liebe«) damit Gefahr liefe, seiner natürlichen, im gesellschaftlichen Sinne also vor allem biologischen Bedeutung entfremdet zu werden. Aus juristischen Gründen riet man daher, das Wort »Liebe« zu vermeiden oder nur noch in Verbindung mit dem physischen Vorgang zu verwenden. Dringend wurde empfohlen, sich in allen sexuellen Angelegenheiten einer möglichst sachlichen Ausdrucksweise zu bedienen.

Mit Ingrid hatte ich ein gutes Gespräch bei einer Tasse Tiroler Tee. Seit drei Wochen gab es, auch für viel Geld, keinen original Schwarztee mehr zu kaufen. Vor Jahren schon waren die Darjeelingpflanzen eingegangen, dann war Assam an der Reihe, schließlich auch die türkischen, chinesischen und alle restlichen Teestauden. Der Tiroler Tee wurde aus Löwenzahn hergestellt und mit Darjeeling-Parfüm angereichert.

Ingrid berichtete von drei Treffen mit dem Fernsehmoderator, bei denen es zu exzessiven sexuellen Handlungen gekommen war. Ich erzählte ihr von der bulgarischen Methode Beate Nötgers, die sie, wie Ingrid lächelnd versicherte, nachzuahmen ohne weiteres in der Lage sei.

Die Offenheit, mit der solche Fragen vor allem seit der 7. Sexualkampagne besprochen wurden, bereitet bekanntlich ein Vergnügen, das weit über die angeblichen Vorteile der Diskretion hinausgeht. Trotzdem war uns, als das Gespräch diese Punkte berührte, nicht recht wohl. Beide hatten wir an Praktiken, wie sie uns in der letzten Zeit unterlaufen waren, früher nie Gefallen gefunden, obzwar gerade Ingrid stets ein schönes Temperament hatte. Auch galt uns die eheliche Treue immer als eine angenehme Selbstverständlichkeit. Wir beschlossen endlich, mit allen uns zur Verfügung stehenden Mitteln den alten Zustand wieder herzustellen.

Nicht ohne Wehmut erinnerte Ingrid an jenes herrliche Wochenende, als wir mit den Kindern in der Wanne plätscherten und die Plastikenten fliegen ließen.

Am Ende des Gesprächs, nach der letzten Tasse Tee, gab ich ihr ein Küßchen auf die geschlossenen Lippen, als sie mir plötzlich, ohne daß ich sie in irgendeiner Weise dazu ermuntert hätte, ihre Zunge bis in den Hals steckte. Ingrid sagte dann selbst: »So geht es nicht weiter!«

Ich versprach, endlich das Ernährungsproblem in Angriff zu nehmen.

11

Der C-Markt war von 22.30 Uhr bis 4 Uhr früh geöffnet. Die Halle war schwach beleuchtet. Es gab mehr als zwei Dutzend Stände, wo zwei, drei Tiere hingen. Ein ungeschriebenes Gesetz bestimmte, daß dem Kunden das verlangte Fleischstück frisch aus dem Kadaver geschnitten wurde. Die Fleischhauer versicherten, daß sämtliche Tiere noch vor dem Verenden geschlachtet und gehäutet worden waren, ehe man sie in Tiefkühlhäusern gelagert hatte, um sie nach Bedarf aufzutauen.

Der Markt war illegal. Was die Häutung betraf, so wußte jeder, daß keines der Tiere, die zum Verkauf standen, bei seinem Tod ein Fell hatte. Das weltweite Hinsterben der Tierwelt wurde ja von nicht wenigen Wissenschaftlern mit dem Fehlen von Fell und Haut erklärt.

Amtliche Stellen hatten mittels des Kraner-Simoneck-Verfahrens festgestellt, daß über neunzig Prozent der zum Verkauf angebotenen Tiere in totem Zustand scheingeschlachtet worden waren. Dabei gab es zur Zeit des Tiersterbens die Vorschrift, daß bei Schlachtungen pro Zentner Lebendgewicht mindestens 0,3 Liter Blut fließen mußte. Es ist wohl sehr viel manipuliert worden in dieser Sache. Die Tatsache, daß die Halle von einem Geruch durchsetzt war, der auf unangenehme Weise an die Zeit der Kadaverbeseitigung erinnerte, legt gar den Verdacht nahe, daß eine nicht geringe Anzahl der Tiere in nicht-konsumablem Zustand eingefroren worden war.

Die Markthalle war schön dekoriert. Der Haupteingang wurde flankiert von zwei ausgestopften indischen Wasserbüffeln, die so lebensecht waren, daß man vor ihnen erschrecken konnte, zumal Toncassetten alle fünfzehn Sekunden einen original Büffelschrei über die Lautsprecher, die sich im weit aufgerissenen Maul der Tiere befanden, sendeten.

Ich hätte wahrscheinlich schon beim ersten Besuch gekauft, und auch dieser, ich muß schon sagen Gestank, dessen Aassubstanz man durch eine gehörige Dosis Fichtennadel-Deodorant vergeblich zu überduften suchte, hätte mich nicht davon abhalten können, wenn ich nicht auf dem Weg zum Dattlerschen Stand Zeuge einer unschönen Szene geworden wäre. Eine vornehm gekleidete alte Dame mit seidenem Kopftuch und Krokobeutel ließ sich eine Kalbsniere auslösen und verpacken. Sie zahlte mit einem Scheck, und beim Abschied reichte sie dem Fleischhauer ihre Rechte zum Handkuß.

Kaum hatte sie sich zwei, drei Schritte vom Stand entfernt, öffnete sie die Verpackung und begann, die rohen Nieren in sich hineinzuschlingen.

12

Das politische Sommerloch Juli/August wurde in diesem Jahr zu einer regelrechten Panik-Kampagne genutzt. Die konservative Naturfraktion und die Altsozialen zwangen den Kanzler, den Urlaub zu unterbrechen, um in einer Fernsehansprache die Dinge wieder ins rechte Licht zu rücken:

1. Der sogenannte Verlust der Tierwelt war überwunden. Sentimentale Reminiszenzen nutzen in der Politik weniger noch als im Privatleben. Der Blick geht nach vorn.

2. Der Niedergang des Pflanzentums konnte weltweit bei vierzehn Prozent Substanzerhaltung gestoppt werden.

3. Der Haarverlust zeigte, global gesehen, vor allem unter hygienischen Aspekten, ausschließlich positive Resultate.

Bei allem Fortschritt verwahrte sich der Kanzler gegen die Forderungen der Ultra-Liberalen, sogenannte Miesmacher und Defätisten zu inhaftieren. »Wir leben in einer Demokratie«, sagte er, »und diese unsere Staatsform gibt jedem das Recht auf Melancholie und persönlichen Irrtum.«

Dann kamen positive Zahlen: Minderung des Arbeitslosenvolumens im letzten Halbjahr um fünfunddreißig Prozent durch qualitative Intensivierung der Aufräumarbeiten in Stadt, Wald und Flur, sowie Belebung des Binnenmarktes durch die hochentwickelte Surrogat-Industrie, deren guter Motor, das Prinzip des Freien Profits, den steten Fortschritt und unser aller Wohlergehen garantiert.

Ich sah die Ansprache mit Ingrid und den Kindern. Anschließend entfachte Stefan einen regelrecht philosophischen Disput. Er warf die Frage auf, wie die Welt aussehen würde, wenn nicht der Mensch die Krone der Schöpfung wäre, sondern der Bär.

Ingrid mußte hellauf lachen. Ich aber versuchte, den Jungen zu verstehen und ermunterte ihn, das Problem zu vertiefen. Er schwieg, schaute mich an und sagte: »Du bist ein widerlicher Anpasser.« Nun gehört es zu den väterlich-pädagogischen Pflichten, über derartige im Grunde sehr erfrischende juvenile Entgleisungen hinwegzusehen, nicht zuletzt, weil in diesem Kindheitsalter das Verhältnis zur Realität noch reichlich unterentwickelt ist. Ich lächelte also, und schließlich stand er auf und hielt einen Vortrag über die Geschichte der Stoß-, Schnitt- und Feuerwaffen. Erst im nachhinein begriffen wir den scheinbar zusammenhangslosen Exkurs, der in der Behauptung gipfelte, der Braunbär hätte im Paläolithikum freiwillig auf die Erfindung einer Stoßwaffe verzichtet, die ihm die Möglichkeit garantiert hätte, den Menschen zu vernichten.

»Er hatte ja seine Tatze«, sagte Ingrid, und das Gespräch verlegte sich auf den essentiellen Unterschied zwischen natürlichen und künstlichen Waffen. Ingrid nahm das Ganze mehr von der komischen Seite. Als Stefan begann, sie heftig zu attackieren und sie lachend sagte: »Bären können nichts erfinden, es fehlt dem Bär der nötige Geist«, da ergriff der Junge ihre Rechte und biß ihr in den Handballen.

Ich fand das noch amüsant, und Stefans Schwester Sybille begann gar zu lachen, bis wir merkten, daß Blut floß. Stefan hatte seiner Mutter ein gutes Stück, wie später festgestellt wurde rund fünfundzwanzig Gramm, aus der Hand gebissen. Der Junge lief schreiend davon und kehrte erst gegen Abend wieder heim, nachdem ich bereits mit Ingrid aus dem Krankenhaus zurückgekommen war, wo man die Wunde auf kosmetisch einwandfreie Weise hatte schließen können.

13

Mitte August gaben wir ein Essen für Beate Nötger und den Fernsehmoderator Herbert Schlier. Ich hatte im C-Markt für zweitausendsiebenhundert ein schönes Stück Sauerbraten gekauft. Obwohl Dattler mir stets einen Spezialrabatt einzuräumen pflegte, erscheint der Preis hoch, wenn man bedenkt, daß das Soja-Surrogat gleicher Größe auf achtvierzig kam. Da der Scheck von Prinzessin Angelika zweifelsfrei gedeckt war, konnten wir uns in jenen Tagen noch allerhand leisten. Den Einlegesud für den Braten kaufte man ebenfalls bei Dattler. Es war eine spezielle Essiglake, die ein natürliches Desinfektionsmittel enthielt. Angeblich hätte man darauf verzichten können, und nur wenige Fleischhauerstände boten den Sud in dieser Konsistenz an. Der Apothekerverband riet jedoch dringend zu, das Fleisch nicht ohne Lake zu erwerben, da binnen der letzten Woche allein im deutschsprachigen Raum siebzehn Fleischvergiftungen mit letalem Ausgang registriert worden waren.

Zumindest bei den Dattlerschen Kunden wurde der Sauerbraten mehr und mehr zum bevorzugten Fleischgericht, weil der medizinisch-kulinarische Sud sich von der Flüssigkeit, die den Sauerbraten normalerweise umgibt, zumindest optisch in keiner Weise unterschied.

Die Kinder waren schon zu Bett, als erst Herr Schlier in Jeans und Dinnerjackett und kurz darauf Beate Nötger in einem siebenachtellangen Abendkleid erschienen. Beate hatte ihr Haupt mit einer sündteuren, damals sehr begehrten indischen Pomade eingefettet, die für Stunden einen feinen seidenmatten Schimmer gab.

Dem Kopf kam damals endlich jene Bedeutung zu, die Jahrtausende durch gekünstelte Frisuren aller Art vertuscht worden war. Die bloße, natürliche Kopfform war, wie es dem homo sapiens zusteht, zum primären Unterscheidungsmerkmal geworden. Wenn ich heute auf alten Fotos Menschen mit Frisuren sehe, wundere ich mich, wie lange diese Maskerade sich halten konnte.

Zur Vorspeise servierte uns Ingrid Avocados mit Cocktailsauce, das heißt, für jeden war ein Surrogat vorgesehen, das der einst sehr begehrten Frucht täuschend ähnlich war und aus mikroskopisch zermahlenem Dinkel mit Farnsekret hergestellt wurde. In einer Art Zeremoniell brachte Ingrid jeden Teller einzeln aus der Küche.

Obwohl die allgemeinen Sitten in einen Zustand fortgeschritten waren, dem auch ich mich nicht entziehen mochte, versetzten mich Ingrids Servierkünste doch in Erstaunen: Mit jedem Teller, den sie hereinbalancierte, verminderte sich die Anzahl ihrer Kleidungsstücke, und die am Tisch Sitzenden taten es ihr gleich, so daß wir gar nicht mehr dazu kamen, die köstlichen Dinkelavocados in der traditionellen Weise zu verkosten.

Als sie mit dem vierten Teller erschien, wurde Ingrid

an der Eingangstür von Herrn Schlier aufgehalten. Er begann ihre Brüste zu streicheln und dabei genüßlich die Cocktailsauce zu schlecken. Ingrid nahm den Teller beiseite. Ich war leicht irritiert. Meine Befürchtung, sie würde ihre hausfraulichen Ambitionen in diesem Moment über die gebührende Gastfreundschaft stellen, erwies sich jedoch als unbegründet. Sie legte kurz ihre rechte Hand in die Sauce und strich den prächtig eririgierten Schwanz des Fernsehmoderators damit ein. Dann ging sie in die Knie und genoß die Vorspeise auf die der Situation angemessene Weise, wobei sie mir wohl zeigen wollte, daß sie der altbulgarischen Methode durchaus kundig war.

Ich warf einen Blick auf Beate und verlor alle Bedenken hinsichtlich des schicklichen Benehmens von Bankangestellten in der privaten Öffentlichkeit. Meine liebe Kollegin hatte ihre Beine weit auseinander gespreizt und ließ das Fruchtfleisch der exakt geviertelten Avocado durch ihre Fotze gleiten, ehe sie mir die Frucht in den Mund steckte.

Bald lagen wir alle auf dem Boden, und es gelang uns zu viert eine schöne Kopie der altrömischen Schlangenkonstellation, wie sie von dem Mathematiker Gaius M. Vericus (173-132 v. Chr.) geschildert wird. Geschlechtsteile, Hände, Lippen, Zähne und Zunge werden dergestalt aktiviert, daß ein jeder exakt soviel bekommt, wie er gibt, was in einer Doppelpaarkonstellation bekanntlich recht schwierig ist, von uns aber an diesem Tag in einer

Weise beherrscht wurde, deren mathematisch-gymnastische Exaktheit Stufe für Stufe einen vierteiligen Gleichklang schönster Geilheit erreichte, bis Ingrid abrupt aufstand und in der Küche verschwand.

Mit einem Mal, wie durch ein Wunder, kippten unsere Schwänze und zogen sich in die Vorhaut zurück. Sofort begann Beate, ihr siebenachtellanges Kleid anzuziehen, und Herr Schlier begab, sich schon korrekt gekleidet, zu Tisch, als ich noch dabei war, meinen Schlipsknoten zu binden. Der Grund für diesen Stimmungswechsel lag im Bereich einer abgewandelten Form der Fleischlust: durch die leicht geöffnete Küchentür war der Geruch von Braten und Sauce gedrungen.

Als Ingrid in ihrem roten Kleid mit dem Fleischtopf erschien, saß ich mit Beate und dem Fernsehmoderator an der Tafel wie in Erwartung eines offiziellen Diners, dessen Etikette befolgt wurden, als habe die Vorspeise nie stattgefunden.

Der Duft des Bratens hatte uns ruhig gestellt, und während wir begannen, in kleinen Bissen das Fleisch zu genießen, entwickelte sich ein schönes philosophisches Gespräch. Ohne es eigentlich zu beabsichtigen, hatte Herr Schlier damit begonnen. Nach dem Verzehr der ersten beiden Bratenscheiben wischte er sich mit der Serviette über den Mund und sagte eher beiläufig: »Das Schönste aber ist die Liebe.«

Beate eröffnete die Debatte. Sie machte darauf aufmerksam, daß in Gesprächen mit ihrer Mutter von der

Liebe immer in Zusammenhang mit einem bestimmten Gefühl die Rede gewesen wäre.

Nun hatte die 1. Sexualkampagne den Themenkreis »Liebe« bereits hinreichend abgehandelt. Im privaten Kreis aber tauchten immer wieder Fragen auf, die, wie mir scheint, mehr aus spielerischem denn aus inhaltlichem Interesse, die konkreten staatlichen Empfehlungen geradezu unterminierten.

Als ich eingestand, mich an Derartiges nicht erinnern zu können, brachen alle in Gelächter aus, mußten dann aber ebenfalls zugeben: wir können uns kaum erinnern, noch weniger sind wir in der Lage, Derartiges in Worte zu fassen.

Dabei nahmen wir uns genügend Zeit, nachzudenken. Eineinhalb Bratenscheiben lang, durchsetzt mit derart ausgiebigen Eßpausen, daß Ingrid schon sagte: »der Braten wird kalt«, unternahm ich die verschiedensten Anstrengungen, mich zu erinnern: wie war das damals am Fluß, in der Schulbank, auf dem Bürgersteig, am offenen Fenster? Ich erinnerte mich an Orte, an Haarfarben, Kleidungsstücke, besonders extrem ausgeformte Geschlechtsteile, wohl auch an Namen wie Carola, Elsbeth oder Anita. Etwas anderes als diese konkreten Erinnerungen konnte ich mit der Liebe nicht verbinden.

Nun war es wohl die altertümliche Art, streng nach der Etikette an der Sauerbratentafel zu sitzen, die zu solchen Sottisen anregte, über sogenannte Gefühlsformen zu parlieren. Das konnte zu nichts führen.

Beate erzählte von einem sehr alten Film, in dem sich Anton Minelli, der immer die Liebhaber spielte, gegen Ende einmal ruckartig umgedreht habe. Als wir sie etwas ratlos anschauten, versicherte sie, das sei der Moment gewesen, wo sie zum ersten Mal genau gewußt habe, was das sei, die Liebe. Als Ingrid aber fragte, ob sie sich an das erwähnte bestimmte Gefühl erinnere, mußte sie verneinen.

Herr Schlier sagte, ihm mache die Erinnerung keine Schwierigkeiten. Die Liebe sei wie ein Schluck Whisky pur ohne Eis. Alle lachten, Beate erzählte schließlich, daß ihre Mutter viel über die Liebe gesprochen habe. Sie sei sicher, daß diese Eigenart weniger mit ihrer Position als Prinzessin zu tun habe als mit ihrem Geburtsdatum. Früher habe man besser über Gefühle und Derartiges Bescheid gewußt. Ingrid widersprach heftig und beendete das Gespräch. Sie sagte, es sei unmöglich, das Gefühl der Liebe eindeutig zu beschreiben, weil zu diesem speziellen Gefühl in jedem Fall zwei Personen gehörten.

Da meldete sich Herr Schlier noch einmal zu Wort: Wenn er, und sei es rein hypothetisch, so etwas wie ein Gefühl für sich in Anspruch nähme, dann sei sein Gefühl expressis verbis sein Gefühl und daher von keinem anderen abhängig. Damit löste er bei Ingrid eine äußerst heftige Reaktion aus. Sie würde sich von ihm trennen, sagte sie, auf weitere sexuelle Kontakte mit ihm könnte sie unter diesen Umständen verzichten, obwohl die Ausmaße seines Geschlechtsteils der Morphologie ihrer Vagina eher entsprächen als die ihres Gatten.

Mir konnte dieser Bruch nur recht sein. Schlier machte daraufhin Beate einige Angebote, die von einem möglichen Kinobesuch zu zweit bis zum thailändischen Analverkehr reichten. Beate sagte ihm freundlich, aber bestimmt: »Sie sind ein Säufer, Herr Schlier, mit ihrem Whisky im Kopf.«

So nahm der Abend, nach fünfeinhalb Stunden ausgiebigen Fleischgenusses, eigentlich ein unschönes Ende, obgleich man sagen muß, daß der Genuß des Dattlerschen Sauerbratens uns so weit einte, daß wir gemeinsam zu einem formal anständigen Ende kamen.

Die letzten Stücke wurden unter allgemeinem Schweigen verzehrt. Als jeder seine siebenhundertfünfzig Gramm gegessen hatte, half ich Beate in den Mantel, und der Moderator Schlier verabschiedete sich von Ingrid mit einem, ich muß sagen, vollendeten Handkuß.

14

Die Wirkung des Fleischgenusses und, mehr noch, deren Gründe waren bis zuletzt, das heißt bis in jene Tage, da es kein wirkliches Echtfleisch mehr zu kaufen gab, strittig. Vieles spricht dafür, daß der Fleischverzehr im Hinblick auf die sich ausbreitenden sexuellen Exzesse eine durchaus sedative Wirkung hatte.

Bei meinem elften Besuch in der C-Halle war der Geruch dieses Ortes fast unerträglich geworden, obwohl permanent elektrobetriebene Sprühwagen durch die Gänge fuhren und das an sich feine Fichtennadelaroma in den wabernden Aasgeruch verströmten.

Bei jenem Besuch lernte ich Gundula kennen, die zum Kundenstamm von Herrn Dattler gehörte. Sie war jung, ehemals wohl dunkelhaarig und bewegte sich mit einer aufreizenden Eigenart. Stets hielt sie den Unterkörper leicht vorgeschoben, ohne daß ihr apfelbackiges Hinterteil dabei an Wirkung verlor. Ihr geblümtes Seidenkleid war gerade so durchsichtig, daß man ihre Blöße darunter erkennen konnte. Außer dem allgemein beliebten Sauerbraten mit Lake kaufte sie eine Hälfte Kalbshirn, zahlte bar und verließ den Stand, als Herr Dattler begann, für mich ein saftiges Stück Brustkern aus einem der besonders teuren Frischkadaver zu schneiden.

Auf dem Weg zum Ausgang jedoch stieß ich bereits

nach zehn Metern auf die junge Dame, die augenscheinlich auf mich gewartet hatte. Sie ging eine Weile schweigend neben mir her und dirigierte mich dann in eine Ecke, wo die Fleischhauer die unverkäuflichen Reste abzulegen pflegten. Da stand sie vor mir, lächelte mich an, drängte ihren Leib gegen mich, und ich konnte nicht umhin, ihr Benehmen mit einer kräftigen Erektion zu beantworten.

Die Frauen entwickelten damals im Bereich von Fleischgenuß und Sexualität allerlei Rituale, die einer rationalen Aufklärung der Zusammenhänge eher hinderlich waren. Als ich nämlich, ohne mich zurückhalten zu können, meine Hose öffnete, hielt sie mir das Kalbshirn vors Gesicht. Ich verspürte einen ungeheuren Aasgeruch. Die Erektion brach zusammen.

Selbst von den Wissenschaftlern des Markus Grote-Instituts konnte nie zuverlässig geklärt werden, ob die Sexualität in solchen Fällen sich wegen der plötzlichen Geruchseinwirkung veränderte oder wegen der folgenden, wohl typisch zu nennenden Aktion: ich öffnete meinen Mund, versenkte die Zähne in das rohe Hirn, nahm beide Hände zu Hilfe und verschlang das Kopfgekröse mit zwei, drei Bissen. Als ich alles heruntergeschluckt hatte, war Gundula verschwunden.

15

Die Wetterlage war damals schon recht konstant, nur in den Nächten gab es noch erhebliche Schwankungen. Die Durchschnittstemperaturen lagen bei 32 Grad Celsius. Wir hatten schon zu jener Zeit das Glück des ewigen Sommers.

Das sind Umstände, die einen regelrecht beflügeln. So kam ich frohgemut Ingrids Bitte nach, wegen Stefans Note im Deutschaufsatz mit Herrn Oberstudienrat Dr. Jacobi persönlich zu sprechen.

Dr. Jacobi empfing mich nach der großen Pause im Direktorat. Er hielt mir einen Vortrag über die Erziehung der Jugend zur Phantasie und zeigte mir die Aufsätze von Stefans Mitschülern. Es erwies sich, daß alle etwas über Tiere zu berichten wußten, außer meinem Sohn.

Dreizehn von einundzwanzig Schülern hatten auf Erlebnisse im Bereich der Videogames zurückgegriffen, wobei der zugegebenermaßen lustige Kampf zwischen Putzi und Kingkong bevorzugt wurde. Vier Schüler erzählten über Tiererlebnisse im Fernsehen, und drei schrieben aus der Erinnerung über einstmals lebende Tiere.

Eine Weile schämte ich mich für mein Kind. Dann aber setzte ich zu einer regelrechten Philippika an, redete wohl mehr als fünf Minuten über die Gefahren der irrealen Phantasie und endete mit einer glasklaren Schlußbemerkung über den Vorrang des Realitätssinns, in dem Stefan erzogen wurde.

Ich wußte damals noch nicht, in welchem Ausmaß mein Sohn von Dr. Jacobi bereits beeinflußt war.

Als ich geendet hatte, schaute mich der Deutschlehrer lange schweigend an. Dann geschah etwas, das ich noch intensiver, als ich es tat, verfolgt haben sollte: Dr. Jacobi, ein Mann anfang 60, begann zu weinen, wie es Kinder tun, wenn ihnen ein Leid angetan wird. Bei einem erwachsenen Menschen hatte ich (außer bei der eigenen Gattin) so etwas noch nie beobachtet. Schließlich trocknete sich der Mann das Gesicht mit einem Stofftaschentuch und änderte die Note Stefans von sechs auf vier minus, ohne mir eine Erklärung über sein Verhalten zu geben. Er reichte mir lediglich seine Hand, und ich verabschiedete mich mit einer knappen Verbeugung.

Von der nächsten Telefonzelle rief ich das Kultusministerium an. Ich wurde an den Schulrat des dritten Bezirks vermittelt und berichtete ihm vom Verhalten Dr. Jacobis. Der Schulrat erklärte die Tränen seines Untergebenen mit dem Hinweis auf ein der Schulstelle bekanntes Drüsenleiden. Wäre ich der Sache damals doch weiter nachgegangen!

16

In der Bank erlitt Beate Nötger wieder mehrere kleine Blutstürze, die sich nach unserem näheren Kennenlernen vorübergehend gelegt hatten. In gewisser Weise verlieh das sämtlichen Angestellten den Gedanken an Kontinuität, und nach jedem der kleinen Vorfälle zeigte Beate wieder ihr schönes befreites Lächeln, das wir alle liebgewonnen hatten.

Der Arbeitsaufwand in den Kassenbelangen nahm stetig zu. Seit der Beseitigung der Tierkadaver und der neu gewonnenen, zum Spazieren einladenden Reinlichkeit der Straßen und Bürgersteige nahmen immer mehr Kunden die Gelegenheit wahr, ihr Bankinstitut persönlich aufzusuchen.

Vor allem ältere Herrschaften nutzten den Aufenthalt an meinem Schalter zu zwei, drei Sätzen sozusagen privaten Gesprächs. Ich hatte einen Kunden, den in Pension lebenden Palmenfabrikanten Alois Langer, der mir während sechs Wochen bei täglichen Besuchen sein ganzes Leben schilderte, so daß mich nur die in sämtlichen Lehrgängen gepredigte Kundenhöflichkeit daran hinderte, ihn wegzuschicken, zumal er nie mehr als einen Hunderter einzahlte oder abhob, einmal, als er vom Ableben seiner Gattin berichtete, es gar wagte, die Bank zu verlassen, ohne ein Geschäft zu tätigen.

Bei allen Gesprächen befleißigte ich mich jener korrekt-vornehmen Ausdrucksweise, die ich mir in den Rhetorikkursen der Fortbildungsseminare meines Instituts angeeignet hatte. Ich schnitt damals als Jahreszweitbester unter eintausendeinhundertvierzehn Kursteilnehmern ab und erhielt für den längsten logisch zu Ende geführten Satz einen Spezialpreis.

Diese meine durch ein schönes Abschlußdiplom prämierte Ausdrucksweise war mir gleichsam zur Natur geworden, und nur bei extremen Ermüdungszuständen oder in der physiologisch bedingten Atemlosigkeit sexueller Verrichtungen kam sie mir hin und wieder abhanden.

Ende August durfte ich Herrn Direktor Kern, mit Ausnahme der Prokura, in allen Funktionen vertreten. Er war für mehrere Tage krank gemeldet. Erst sprach man von einer leichten Erkältung, dann stellte sich heraus, daß seine Kopfhaut von einer Art Ausschlag befallen war.

Mein Ansehen war beim Publikum außerordentlich gestiegen. Da viele Kunden durch den Besuch der Tanzkurse in Höflichkeitsformen geübt waren und ihre Nächsten mit deren Funktion anredeten, nannte mich der engere Kundenstamm schon bald nach meiner Beförderung »Herr Oberkassierer«, und nicht wenige redeten mich während der Abwesenheit von Direktor Kern mit »Herr Vizedirektor« an.

17

Am 28. August wurde ich Zeuge der polizeilichen Schließung des C-Marktes in der Müllerstraße. Der Preis für 1 kg Sauerbraten inclusive Lake war auf über achtzehntausend gestiegen, und nur vermögende Herrschaften, zu denen ich mich dank des großzügigen Schecks der bulgarischen Prinzessin zählen durfte, konnten sich noch das sogenannte Kernfleisch leisten. Für den weniger bemittelten Rest der Bevölkerung blieben die im Preis rapide gefallenen Innereien und das in seiner Konsistenz sehr fragwürdige Restfleisch.

Es waren weniger die hygienischen Verhältnisse als die undemokratische Preisgestaltung, die den Staat zwang, drei Hundertschaften Polizei und siebzig junge Beamtenanwärter anrücken zu lassen. Der Haupteingang, sowie beide Nebeneingänge wurden vergittert.

Die unverhältnismäßig große Anzahl von Beamten durchkämmte systematisch den Markt und nahm dreiundvierzig Metzger und vierhundertachtzehn Kunden gefangen.

Ich war gerade dabei, den Dattlerschen Stand mit dreieinhalb Kilogramm Sauerbraten zu verlassen, als ein älterer Beamter mich ergriff und mit einem halben Dutzend weiterer Kunden Richtung Eingang trieb.

Nahe des Haupteingangs wurden die Arretierten in einen durch ein Seil markierten Kreis zusammengetrieben. Von dort konnte ich beobachten, wie fast alle Beamten sich der an den Ständen verbliebenen Kernstücke bedienten und sie in mitgebrachte Tragtaschen verstauten, während die Beamtenanwärter alles zusammenklaubten, was ihre älteren Kollegen nicht unterbringen konnten.

Die bereits erworbene Ware wurde den Kunden korrekterweise belassen. Wir verharrten drei Stunden im Seilkreis und konnten mitansehen, wie erst das Fleisch verschwand und anschließend alle Tische und Bänke zertrümmert wurden, ehe die Beamten das Holz im Zentrum der Halle aufschichteten.

Die gesamte Aktion wird durch ein an sich nebensächliches Detail allen Beteiligten in Erinnerung bleiben. Das Fleisch war noch nicht ganz beseitigt, da stellte einer der Beamten das Tonband ab, von dem die Schreie der am Eingang postierten indischen Wasserbüffel ertönten. Plötzlich herrschte Totenstille. Die Arbeitsgeräusche der Beamten klangen gedämpft, die Befehlsrufe der Vorgesetzten hohl, wie aus einer Nebenwelt.

Ich war Zeuge eines historischen Vorgangs. Es gab von nun an, da die Tierkadaver amtlich gestrichen waren, nichts Fleischliches mehr, außer dem Menschen.

Mit dem Ende des letzten Büffelschreis steigerte sich der Gestank des verbliebenen Totfleisches in finale Dimensionen, obwohl die Beamten bis zum Ende ihrer Aktion die Sprühmaschinen mit dem Fichtennadelaroma in Gang hielten. Es war dies wohl eine rein bewußtseinsmäßige Steigerung, weil mit dem Ende des letzten Tierschreis ein, wenn auch im Grunde doch recht nutzloser Teil dieser Welt sich endgültig verabschiedet hatte.

Rund zwei Dutzend der arretierten Kunden und drei Polizisten fielen nach dem Ende des letzten Büffelschreis in Ohnmacht.

Alles hat sein Gutes, und so wurde der endgültige Abschied vom Fleischverzehr den Kunden des C-Marktes wesentlich erleichtert durch den bestialischen Gestank.

Schließlich betrat ein Herr der Berufsfeuerwehr die Halle und setzte den im Zentrum aufgestapelten Holzstoß in Brand. Als die Flammen hochschlugen, wurde das Seil von einem Polizeioffizier gekappt, und wir verließen die Halle.

Bis in die frühen Morgenstunden konnte man den C-Markt brennen sehen. Ich saß mit Ingrid auf dem Balkon, und während sie den letzten Sauerbraten zu sich nahm (ich täuschte eine leichte Magenverstimmung vor), hatten wir einen guten Blick auf die rund sieben Kilometer entfernte Müllerstraße, über der eine grünliche Wolke hing.

18

Während meiner fünfwöchigen Zeit als Vizedirektor hatte ich mehrere durch und durch zufriedenstellende Geschlechtsverkehre mit Beate. Die Wenigen, die immer und überall nur das Negative zu sehen vermögen, glaubten, in der gesteigerten Geschlechtslust Anzeichen einer, wie sie es nannten, Endzeit zu erkennen.

Die Mehrheit der Bevölkerung aber (einer Umfrage zufolge siebenundneunzig Prozent der Erwachsenen zwischen achtzehn und achtzig) bejahte diese Erscheinungen als Ausdruck gesteigerter Lebensfreude in außergewöhnlicher Zeit.

Beate hatte eine schöne Angewohnheit. Als äußeres Zeichen ihrer sexuellen Bereitschaft drückte sie mir, meist um die Nachmittagsstunden, wenn der Schalterverkehr der Bank eine abnehmende Tendenz hatte, ihren zusammengeknüllten Slip in die Hand, der nicht selten eine mir angenehme Feuchtigkeit aufwies. Die Gewißheit, daß eine der Angestellten, quasi mir zuliebe, unter dem Oberkleid einen nackten Arsch zur Verfügung hielt, gab mir nicht nur ein schönes Gefühl der Überlegenheit gegenüber anderen Angestellten wie Herrn Kost, sondern förderte ganz entschieden meine Arbeitsmoral. Manchmal konnte ich beobachten, wie Beates Vaginalsekret, während sie die Valutaakten sortierte oder die neuesten Zinsstände in den Computer gab, ihr bis in die Kniekehlen lief.

Wenn wir dann nach Dienstschluß ihre palastartige Wohnung betraten und ich schon nach dem Türschließen die Anzughose öffnete, zierte sie sich auf ihre nette Art und sagte: »Nein, nein« oder »heute nicht«, und es währte oft bis zu einer halben Stunde, ehe sie ihren Rock hob.

19

In den Nachrichten konnte man Anfang September hören, daß sich der Pflanzenbestand auf etwas gesunkenem Niveau erneut weltweit stabilisiert hatte. Auch der Artenpegel schlug zu jener Zeit nicht weiter nach unten aus und hatte sich bei drei Prozent gefestigt. Wie das Kanzleramt mitteilte, tendierte die Zahl weltweit nach oben, Experten sagten fünf bis siebeneinhalb Prozent voraus. Der Kanzler selbst verkündete im Fernsehen eine Steigerung von ein auf zweieinviertel Prozent für das deutsche Sprachgebiet und betonte, daß die oppositionelle Rede von »Versteppung« Teil jener verantwortungslosen Wahlpropaganda war, die bereits seit Jahrzehnten den Wähler zu verdummen versuchte.

Wissenschaftsminister Zergendorf erklärte, daß die Surrogat-Ernährung durch die seit Jahren weltweit konstanten Zahlen im Farnanbau absolut gesichert sei. In Wahrheit ließen die sinkenden Preise für Obst- und Gemüsesurrogate wohl gar auf eine Überversorgung schließen.

Im äußeren Erscheinungsbild des Lebensmittelhandels hatte sich, sieht man von der Schließung des illegalen C-Marktes in der Müllerstraße ab, seit Jahren nichts geändert. Vor allem die europäischen Gemüse und die internationalen Südfrüchte, Orangen, Pampelmusen, Sacadis und Zitronen, erschienen prächtiger, saftiger, ja farbenfroher als je zuvor. Und den meisten Mitbürgern war es ziemlich gleichgültig, ob es sich dabei um Surrogate aus Farnsekret, Graupenspleiß, Dinkel usw. mit den zugehörenden Aroma- und Farbstoffen handelte oder um die, wenn ich mich recht entsinne, häufig sehr verkrüppelten Originale aus vergangenen Tagen. Vitamin- und Kaloriengehalt lagen weit über den Vergleichswerten der ehemaligen Erzeugnisse, und auch im Geschmacklichen war jene Konstanz zu vermerken, die das staatlich kontrollierte Surrogatwesen seit der Umstellung garantierte.

Ein nicht unwesentlicher Fortschritt lag in der schwindenden Dauer der privaten und semiprivaten Mülltrennung. Als vor der umfassenden Surrogatversorgung noch fünfzehn verschiedene Tonnen vor dem Haus standen, waren wir oft den größten Teil der Freizeit damit beschäftigt, die diversen Müllsegmente zu trennen. Das nahm nicht zuletzt einen Großteil unserer Gedankenwelt gefangen, denn es gehörte ein gerüttelt Maß an Konzentration dazu, etwa unter den verschiedenen Kunststoffverpackungsarten zu unterscheiden, zumal auf Fehlverhalten hohe Geldstrafen standen.

Mit ansteigender Surrogatproduktion verringerte sich die Verpackungsvielfalt, weil nicht mehr auf die stets schnell verderbliche Konsistenz der allzu zahlreichen und unterschiedlich zu verpackenden Alternteprodukte Rücksicht genommen werden mußte.

Die Zeitungen berichteten über einen schönen Erfolg in der sogenannten botanischen Transplantation.

Als sich herausgestellt hatte, daß die Fichte in Europa nicht mehr wachsen würde (aus den verdorrenden Restbeständen begann man ein recht schmackhaftes Zusatzmehl für die Brotversorgung herzustellen), hatte das führende Institut für Holz- und Holzersatzstoffe eine Fichtenvariante gezüchtet, die in den Gebieten der ehemaligen Regenwälder Wurzeln schlug. Die Medien verbreiteten Bilder, die von manchen als Geschmacklosigkeit, von anderen, so auch von mir, als Ausdruck überbordender Freude verstanden wurden: Indianer, bzw. Indios, in ihrer malerischen Tracht unter einer weihnachtlich geschmückten deutschen Fichte im heimatlichen Amazonasgebiet.

Nicht achtend, daß Weihnachten, kalendarisch gesehen, reichlich fern war, hatte eine Indiofamilie in Erfahrung gebracht (so berichtete der Sponsor AKC), daß der

Fichtenbaum gleichsam das Zentrum der deutschen Weihnacht ist. Eilends wurden Kerzen und der typische Weihnachtsschmuck eingeflogen, und es ergaben sich eindrucksvolle Bilder von lachenden Eingeborenen unter den lametta-, silberkugel- und wachskerzengeschmückten Fichtenzweigen.

Mag die Freude dieser einfachen Menschen auch dem Umschwung in der Neubepflanzung ihrer Heimat gegolten haben, für uns war die Fröhlichkeit der Indios wie das Versprechen auf ein kommendes Weihnachtsglück.

20

In aller Öffentlichkeit spielten sich damals Szenen ab, die man rückblickend als Teil der natürlichen Entwicklung ansehen kann, gegen die sich jedoch, zumindest vorübergehend, eine zivilisationsgebundene Geisteshaltung sträuben konnte.

Ich zählte mich immer zu den Menschen, die den Forderungen der staatlichen Sexualkampagnen mit aufrichtiger Freude nachgekommen waren und auch die üblicherweise mit der Sexualtätigkeit verbundenen Worte im Bedarfsfall sachgemäß einsetzten und offen aussprachen. So waren mir Ausdrücke wie »ficken«, »Schwanz«, »Fotze« auf eine Art vertraut geworden, die den Kopuliervorgang selbst zu einer angenehmen Selbstverständlichkeit versachlichte.

Dennoch legte ich stets Wert auf eine gewisse Kultur im Bereich der Gesamtsexualität. Wer mich in dieser Hinsicht der Fortschrittsfeindlichkeit zeihen möchte, sei auf jenen quasi kulturellen Bereich verwiesen, an dem ich durch den bereits an anderer Stelle erwähnten Rhetorikkurs als zweiter Preisträger einigen Anteil hatte.

Was sich in jenen Tagen ereignete, mußte bei Menschen, die mir ähnlich konditioniert waren, bisweilen Bedenken erwecken, ob bei aller gesunden Fortschrittlichkeit die Natur nicht doch von Zeit zu Zeit über ihr eigenes Ziel hinausschießt. Allenthalben wurde kopuliert. Vielleicht war es die zuvor nie gekannte Reinlichkeit der Straßen und Plätze, die zum Geschlechtsverkehr unter freiem Himmel einlud, vielleicht war es einfach die überschäumende Freude im Angesicht der wunderbaren evolutionären Wandlungen, die wir miterleben durften.

Bei einem Gang zur Bushaltestelle nach Schalterschluß wurde ich auf einer Strecke von vierhundertfünfundachtzig Schritten elfmal Zeuge von geschlechtlicher Betätigung. Man konnte von einer regelrechten Volksbewegung sprechen, die Menschen aller Schichten und jeden Alters zusammenführte, wahllos, wie es den Anschein hatte.

Von Beginn an hatte sich ein bestimmtes Werberitual durchgesetzt, wie wir es aus dem Tierreich kannten: das Weibchen unterbrach seinen Gang, blieb unvermittelt stehen und hob den Rock, wobei man wissen muß, daß das Tragen von Unterwäsche sich damals in weiten Kreisen erübrigt hatte (Beates Spiel mit dem Slip erschien mehr und mehr wie ein Relikt vergangener Tage, das meinen, ich gestehe es ein, auf diesem Gebiet doch eher konservativen Vorlieben entgegenkam). An Straßenecken und Hauseingängen, vor Fußgängerüberwegen und mitten auf dem Platz standen sie wie angewurzelt, bis ein männlicher Passant aufmerksam wurde, sein Glied hervorholte und das Angebot wahrnahm.

War die Sache beendet, schüttelte das Weibchen seinen Rock herunter und eilte sichtlich beschwingt davon, während der entsprechende Herr nach einer kurzen Pause des Durchatmens meist grußlos seiner Wege ging.

Zu Beginn jener neuen Mode wurde noch wegen Erregung öffentlichen Ärgernisses inhaftiert. Als aber nach drei Tagen die Gefängnisse überquollen und sich schnell herausstellte, daß bei der Bevölkerungsmehrheit von Ärger keine Rede sein konnte, sah die öffentliche Gewalt, ähnlich wie zu Zeiten des C-Markts, über die Straffälligkeit in diesem Bereich hinweg, und bald wurden auch Polizisten beobachtet, die die eine oder andere Gelegenheit zur Besamung wahrnahmen, wobei sie, einer recht ulkig erscheinenden alten Polizeivorschrift folgend, die Mütze abnahmen, um in diesem Moment quasi als Privatperson zu handeln.

Auch in den öffentlichen Verkehrsmitteln, etwa während meiner täglichen Busfahrten, wurde diesem neuartigen Volksvergnügen nachgegangen. Zwischen den Haltestellen Steinstraße und Goetheplatz stand vor mir, im Gedränge des Berufsverkehrs, eine recht beleibte Dame um die fünfzig. Sie hatte eines der billigen geblümten Baumwolldirndl an, in beiden Händen trug sie, rechts und links, eine schwere Einkaufstasche. Ihre tuchlose Glatze war übersprenkelt von Schweißperlen, die sich in Ohrennähe zu kleinen Bächen vereinten und den Hals herunterliefen.

Durch das Gedränge konnte ich eine vorübergehende, ich muß gestehen, recht intensive Berührung ihres Hinterteils nicht verhindern, worauf die Frau sich umschaute und mir flüchtig zunickte. Wenig später setzte sie ihre Einkaufstaschen kurzfristig ab, und ich spürte, wie sich ihr Kleid hob, bis ihre Rechte den Saum unter die hintere Schleife der Dirndlschürze steckte. Sie hatte einen Arsch von gigantischen Ausmaßen, der jedoch nicht von der häufig anzutreffenden freiwabernden Art war, sondern bei allem Ausmaß eine fast strenge Herzform aufwies, die bei objektiver Betrachtung ihren eigenen Reiz hatte.

Ich hatte mir an sich vorgenommen, mich nicht an den anonymen Kopulierungen zu beteiligen. Um aber die Dame nicht zu beleidigen, griff ich mit meiner Rechten durch ihre feisten Herzbacken und landete mit drei Fingern in ihrem patschnassen Loch. Kaum hatte ich ihr diesen, nicht mehr als höflichen Gefallen erwiesen, packte sie ihre beiden Einkaufstaschen und verließ den Bus an der Haltestelle Im Tal, ohne sich noch einmal nach mir umgeschaut zu haben. Während sie sich zu ihren Einkaufstaschen bückte, war es mir gerade noch gelungen, ihr Dirndl wieder in eine schickliche Position zu bringen, wobei es mir gelang, meine Rechte am Rocksaum abzutrocknen.

Innenminister Dr. Klatte bat in einer Fernsehansprache um Mäßigung zum Erhalt der öffentlichen Sicherheit, gestand der Bevölkerung jedoch ein Großmaß an Freiheit zu und sprach in diesem Zusammenhang von der »allgemein gesteigerten Lebensfreude«.

Schließlich nahm auch ich eine Gelegenheit wahr, die Worte des Innenministers in aller Öffentlichkeit zu beherzigen. Es war nach Schalterschluß. Ich war auf meinem Weg zum Bus. Ich war tief in Gedanken versunken, sinnierte über meinen Angestelltenstatus im Falle der Rückkehr des erkrankten Direktors.

Plötzlich sah ich etwas Weißes vor mir. Umgeben von kostbarem schwarzem Tüll streckten sich mir zwei Arschbacken entgegen, die mir wohl etwas runzlig, aber dadurch, daß die Tülldame sich leicht nach vorn gebuckelt hatte, doch wohlgeformt erschienen. Es mag eine Rolle gespielt haben, daß ich vollkommen in die Gedanken über meine berufliche Laufbahn versponnen war, auf jeden Fall holte ich ohne weiteres Nachdenken meinen bereits kräftig geschwollenen Schwanz aus der Hose und stieß ihn in den dargebotenen Arsch. Dabei ergriff mich durchaus ein gewisses Glücksgefühl, das jedoch auf die

Gegend des Unterbauchs begrenzt blieb, während mein Kopf immer noch von den Berufsproblemen gefangen war.

Mit einem Mal erhob sich die Schwarzgetüllte aus ihrer Buckelstellung und wandte sich mit einem Lächeln zu mir um. Die Frau war über neunzig Jahre alt.

Ich mußte hellauf lachen und eilte davon, um meinen Bus noch zu erreichen, der wegen einer roten Ampelschaltung etwas länger als gewöhnlich stehen geblieben war.

Die staatlich geförderten Tanzkurse wurden unter diesen Umständen leider geschlossen. Hier und da hatte man noch versucht, den Betrieb aufrecht zu erhalten und das allgemeine Begattungstreiben in zivilisierte Bahnen zu lenken.

Unser Leiter Wilhelm Gersch schlug den Kursteilnehmern vor, in Anlehnung an die Formen des Gruppen- und Synchrontanzes eine Art Formationsbegattung einzuüben.

Die Damen stellten sich mit dem Rücken zu den Partnern in einen Halbkreis und beugten sich in die auf den Straßen übliche Buckelhaltung. Die Herren formierten sich in gerader Reihe, abgemessene zehn Schritt entfernt und warteten auf ihren Einsatz.

Herr Gersch legte einen Slowfox auf und gab das Einsatzzeichen. Zugleich hörte man eine weibliche Stimme mit dem in dieser Situation ganz unangemessenen Ausruf »Damenwahl«.

Die Halbkreisformation löste sich in Sekundenschnelle auf. Die Herren bewegten sich nach dem Einsatzzeichen noch drei, vier Schritte in korrekter Formation, gerieten dann aber durch das Verhalten der Partnerinnen völlig durcheinander. Sie verloren den an sich einfachen Takt des Slowfox und erlebten die totale Zerstörung ihrer Formation, als die meisten Damen, ohne den Rhythmus der Musik weiter zu beachten, ihre Buckelhaltung aufgaben, sich auf die Herren ihrer Wahl stürzten und dabei ihre Kleidungsstücke abwarfen. Währenddessen rief Herr Gersch mehrmals »alles auf Anfang« und hörte nicht auf, den Takt der Musik zu klatschen.

Mehrere Herren nahmen, wohl um Reste der angestrebten Tanzformation zu erhalten, jene Buckel- und Bückstellung ein, die sexualtechnisch gesehen nur den Damen zukommt, ehe sie von den außer Rand und Band geratenen Partnerinnen geradezu vergewaltigt wurden.

»Damenwahl«, schon im normalen Tanzleben eine recht unsinnige Sitte, bedeutete unter den herrschenden Umständen das Ende unseres Kurses. Während die Slowfox-Melodie forttönte, vollzog sich auf dem Tanzparkett eine höchst dissynchrone Rammelei. Allein der Kursleiter blieb bei seiner stets vorbildlichen Haltung. Während ich mich mit einer mir eher unangenehmen Dame abmühte, näherte er sich mir mit ein paar vollendeten Tanzschritten. Er machte eine Verbeugung und sagte: »Gestatten Herr Wenker«, ehe er sich mit meiner lieben Ingrid in die Garderobe zurückzog.

Die beschriebenen Zustände dauerten, zumindest in der angedeuteten Intensität, nicht länger als vier Wochen. Anfang Oktober geschahen Dinge, die das allgemeine Interesse an der öffentlichen Kopulation minderten.

Die ersten beiden Septemberwochen hatten Sybille und Stefan Stubenarrest gehabt. Sie verlebten in unserem Haus schöne Ferien mit ihrer Mutter, die ich auf diese Weise gleichermaßen gut aufgehoben wußte.

Gegen gelegentliche Besuche des Fernsehmoderators Schlier, mit dem sich Ingrid zumindest auf körperlicher Ebene wieder versöhnt hatte, war nichts einzuwenden, zumal er nach Aussagen meiner Frau mit den dreien regelmäßig ein paar Videogames spielte und Ingrid nur fickte, wenn die Kinder ihren Mittagsschlaf hielten.

21

Unser Sohn Stefan war verschwunden. Am zweiten Tag nach den Ferien war er von der Schule nicht heimgekehrt. Ingrid nahm zunächst an, er wäre bei seinem Freund Felix Deltgen zum Mittagessen geblieben. Als sie sich aber gegen 16 Uhr bei Frau Deltgen telefonisch erkundigte, stellte sich heraus, daß auch Felix nicht heimgekommen war.

Hätte mich Ingrid doch in der Bank angerufen! In meiner jetzigen Position als Direktorstellvertreter wäre das ganz unbedenklich gewesen. So ging kostbare Zeit verloren. Als ich nach einem, wie ich mich erinnere, netten Aufenthalt in Beates Wohnung gegen einundzwanzig Uhr dreißig nach Hause kam, war es zu spät, noch an diesem Tag die gebotenen Nachforschungen anzustellen.

Am nächsten Morgen rief Ingrid auf mein Drängen hin schon um sieben Uhr die Polizeistelle 19 in der Bichlerstraße an. Der diensthabende Beamte, ein Herr Faltermeier, beruhigte uns mit dem im Grunde unverschämten Hinweis, Kinder im pubertierenden Alter blieben schon mal häufiger über Nacht weg, ohne daß man sich sonderlich um sie sorgen müßte.

Als unser Sohn auch in der dritten Nacht aushäusig blieb, füllten wir das siebenseitige Formular für polizeidienstliche Personennachforschung aus und erteilten damit den offiziellen Auftrag, endlich das zu tun, was, unserer damaligen Meinung nach, längst hätte getan werden müssen. Der Schalterbeamte in der Bichlerstraße, es war der nämliche Herr Faltermeier, machte uns wenig Hoffnung. Obwohl es keine öffentlichen Berichte gäbe, könne er uns, quasi privatim, verraten, daß im letzten Vierteljahr ebensoviele Verlustmeldungen eingegangen wären wie in den vergangenen zehn Jahren insgesamt.

Was dieser Beamte uns netterweise an statistischer Information zukommen ließ, betraf zwar ausschließlich Vorfälle im privaten Bereich, der in aller Regel von Verwaltung, Politik und Öffentlichkeit nicht angetastet werden sollte, aber eine derart dramatische Veränderung der Statistik kann sehr wohl aus einer privaten eine politische, sprich öffentliche Angelegenheit machen!

Inzwischen hatten wir in Erfahrung bringen können, daß aus Stefans Klasse insgesamt fünf Jungen und zwei Mädchen abhanden gekommen waren.

Am siebten Tag der Abwesenheit des Jungen nahm ich mir einen Vormittag frei und eilte selbst in die Schule. Ich verlangte Einsicht in den letzten Deutschaufsatz, weil ich im Umfeld des bereits auffällig gewordenen Oberstudienrates Dr. Jacobi die tieferen Gründe für Stefans Verhalten vermutete.

Der Direktor, ein Herr Dr. Herrmann, empfing mich persönlich. Er war überraschend gut unterrichtet. Stefan hatte im letzten Aufsatz eine Eins geschrieben. Die Arbeit zeugte von einer eher melancholischen Stimmung.

Es ging um die Beschreibung eines modernen Gemäldes, das in der neuen realistischen Weise eine Sonne über einer alten Stadt zeigte. Während alle Schüler über den Sonnenaufgang schrieben, hatte Stefan behauptet, man könne nicht klären, ob die Sonne auf- oder untergehe, und er tendiere dazu, die Sonne im Westen anzunehmen und die Stadt in Erwartung der Nacht zu sehen. Er sponn diese Idee fort und beschrieb im letzten Abschnitt in düsteren Farben, was die Stadt in der Nacht heimsuchte: Mord, Totschlag, Verzweiflung, Untergang.

Ich hatte in bezug auf Stefan immer schon gewisse Befürchtungen hinsichtlich der Melancholie, jener nachtseitigen Krankheit, von der, im Geheimen, so viele betroffen waren, und deren Heimtücke gerade darin bestand, daß sie häufig hinter einer Fassade fröhlichen Wohlbefindens im Verborgenen blieb.

Ich bekundete Dr. Herrmann gegenüber mein Befremden über die Note »Eins« und verwies auf die pädagogischen Interventionspflichten bei jedweden Anzeichen von Melancholie und Negation. Entschieden verlangte ich eine sofortige Begegnung mit Herrn Dr. Jacobi. Der Direktor erwiderte, das sei nicht möglich, da »Kollege Jacobi«, wie er ihn nannte, sich gestern im Kartenspeicher erhängt hätte.

So etwas wird jahrelang als Vorbild für die Jugend bezahlt! Wenn man sich das in aller Konsequenz ausmalt, weiß man, warum die leitenden Herren unserer Industrieproduktion so häufig über den mangelnden Frohsinn der jugendlichen Werktätigen klagen.

Was meine Person betrifft, so lehne ich Klagelieder und andere Defätismen grundsätzlich ab. Jeder sollte sich seines natürlichen Naturells erfreuen, das heißt jenes Naturells, das eo ipso der Natur folgt, die niemals innehält in ihrer fortschreitenden Entwicklung.

Dr. Herrmann pflichtete mir in allen Punkten bei und vertraute mir dann etwas an, was mich in Erregung, ja Verzweiflung hätte versetzen können, in Wahrheit aber, zumindest vorübergehend, einigermaßen beruhigte: seit Wochen zog es Jugendliche aus der Stadt hinaus in die freie Natur. In den Farnwäldern und den Restbeständen der ehemaligen Nadel- und Laubwälder hatten sich, manche sagten Jugendbanden, Dr. Herrmann bevorzugte das Wort Jugendgemeinschaften gebildet. Es existierte eine nichtöffentliche staatliche Anordnung, möglichst wenig Aufhebens von dieser Sache zu machen und die Jugendlichen sich quasi selbst zu überlassen, wobei junge examinierte Pädagogen im Geheimen längst das Kommando in diesen Naturgruppen übernommen hatten.

Das konstant gute Wetter ermöglichte ein problemloses Übernachten im Freien, und durch die Ernährungsfrage wurden Einfallsreichtum und planvolles Handeln der jungen Menschen auf positive Weise herausgefordert. Es gab Überlegungen, so Dr. Herrmann, die Abwesenheitsdauer der Jugendlichen bis zu fünfzig Prozent als Vollschulzeit anzurechnen. Betroffene Eltern waren angehalten, ihre Kinder zunächst für sechs Monate den auf diese Dinge spezialisierten Jungpädagogen zu überlassen.

Ich brauchte einige Überredungskunst, um Ingrid davon zu überzeugen, ihrem Sohn die im Grunde genommen staatlich unterstützte Freiheit zu gewähren. Immer wieder begann sie, mit den verschiedensten Scheinargumenten, die keiner rationalen Argumentation standhielten, ihrer Sorge um Stefan Ausdruck zu verleihen.

22

Am 4. Oktober wurde ich zum Bankdirektor auf Lebenszeit ernannt. Herr Kern war verstorben. Ab dem 4. Oktober, neun Uhr unterstand mir die gesamte Filiale.

Der endgültige Abschied von der Kasse fiel mir schwer. Ich erinnerte mich eines Kollegen aus der Strasslacher Straße, der trotz der Berufung zum Direktor bei seiner Kassentätigkcit geblieben war.

Die statistisch geringe Anzahl der Beförderungen vom Kassierer zum Direktor hängt auch damit zusammen, daß viele Berufene es ablehnen, ihrer Kasse Lebewohl zu sagen. Es geht eine eigentümliche Faszination, eine Art Leidenschaft aus vom Zählen des Geldes. Ermessen kann das nur, wer, wie ich, dreiundzwanzig Jahre ohne Zählfehler hinterm Pult gestanden und mit Kopf und Hand zu einer quasi natürlichen Exaktheit gefunden hat, die den ganzen Menschen ergreift. Dabei ist er stets, und zwar mit jedem noch so kleinen, neuen Zählvorgang, in Gefahr, alles, was er seiner Person zu eigen gemacht hat, mit einem Schlag zu verlieren.

Trotz aller Bedenken war mir der Wechsel ins Direktorenfach im Grunde willkommen. Die unangemessene Zunahme im Barverkehr und die geradezu zur Mode gewordene Geschwätzigkeit vieler Kunden ließen einen Zählfehler, der mich aller Voraussicht nach zuinnerst vernichtet hätte, immer wahrscheinlicher werden.

Mein Vorgänger im Direktorenamt erfuhr eine würdevolle Beisetzung (ich zählte im Vorübergehen allein siebenunddreißig Farnkränze und achtzehn kleinere Gebinde), deren Ende allerdings einen etwas befremdlichen Verlauf nahm. Kerns Witwe Magda, ein unansehnliches Mütterchen Anfang Siebzig (ihr Gatte war einundsechzig Jahre alt geworden), bat mich nach dem üblichen Beerdigungsfrühstück im Hause »Adler« in die Kernsche Villa, um mir einige Bankpapiere zu übergeben.

Als das Geschäftliche erledigt war, führte sie mich ins Wohnzimmer, wo auf dem Schachtisch eine Art Präparationsbehälter von der Größe eines Fünfliitergurkenglases stand. In dem darin befindlichen Alkohol schwamm ein großer Fetzen Haut. Unter Tränen und in einer geradezu lächerlichen Andacht sagte sie: »Ist das nicht wie lebendig!«

Ich bejahte etwas benommen, und sie erklärte: »Karl

hat mich gebeten, dieses letzte Stück Haut, das der Arzt von seinem Rücken löste, für die wissenschaftliche Nachwelt zu konservieren.« Ich nickte quasi beifällig und sagte, um etwas zu sagen: »Ein furchtbarer Hautausschlag.«

Da streifte die leicht vergreiste und, wie ich wiederholen muß, außerordentlich häßliche Dame das Oberteil ihres Trauerkleides ab und zeigte mir eine kleine Rötung auf der linken Schulterpartie. Indem ich mich auf die roten Pustelchen konzentrierte, kam ich wenigstens umhin, einen Blick auf ihren sicher wenig verlockenden Busen werfen zu müssen. Offensichtlich hatte sie letzteres gar nicht erwartet, begann sie doch ein größeres Lamento und gab allerlei Wehleidiges zum Besten über Haut, Krankheit, Verderbnis, etc.

Wer hat nicht die eine oder andere Erfahrung mit einem Hautausschlag, ein paar Pusteln, Pöckchen, Pilzbefall, der Quettinger Krätze, Schorf, Sollner Beiss!

Auch ich konnte just zu jener Zeit, wenn ich genauer hinschaute, ein paar pockenartige Erhebungen an meinem linken Oberschenkel ausmachen. So etwas verging meist schnell wieder, und als Ingrid zwei Tage nach der Beisetzung von Direktor Kern bei unserer Tochter Sybille eine handtellergroße Hautablösung in der Achselhöhle feststellte, ging sie zwar mit der Kleinen zum Hausarzt, kehrte aber völlig beruhigt zurück, weil Dr. Barmeier versichern konnte, so etwas komme zur Zeit häufiger vor, und mit einer halben Tube Boraxcortisonsalbe könne man da schnell Abhilfe schaffen.

In der Bank kam Herr Kost als erster und Beate als letzte, um mir ihre Glückwünsche zu überbringen. Ich folgte dem Beispiel meines Vorgängers und erhob mich niemals vom Sessel, wenn ein Untergebener den Raum betrat.

Herr Kost machte einen vollendeten Diener und wünschte mir in ausgewählten, sicher vorher im Kopfe präparierten Worten, das Beste.

Beate betrat den Raum grinsend, machte einen, wenn man es genau betrachtet, albernen Knicks und drückte mir, als sie meine Rechte zum Glückwunsch schüttelte, ihren feuchten Slip in die Hand. Ich gab ihr das Kleidungsstück sofort zurück.

»Beate«, sagte ich, »die Lage hat sich geändert. Meine neue Position erfordert während der vorgeschriebenen Arbeitszeit eine gewisse Distanz zu den Angestellten.« Beate begann, hellauf zu lachen. Ich befahl ihr, sich zu mäßigen. »Als Direktor trage ich in diesen Räumen jedwede Verantwortung für alles.« Sie prustete vor Lachen.

Plötzlich wurde sie ernst, hob ihren Rock und bedeutete mir, ihr das abgelegte Kleidungsstück, das sie mir erneut in die Hand drückte, ordnungsgemäß wieder überzuziehen. Sie trat dicht an meinen Sessel und ich folgte ihrer an sich nicht unbegründeten Anweisung, ohne mich zu erheben.

Als ich den Slip vorsichtig über ihre Knie schob, saß sie schon auf meinem Schoß, und ein kurzer Geschlechtsverkehr von schätzungsweise zweieinhalb bis drei Minuten ließ sich nicht verhindern.

Mit einem geradezu triumphierenden Lächeln verließ Beate endlich mein Direktionszimmer. Am selben Tag ließ ich ihr in einem geschlossenen Kuvert eine Art intimer Dienstanweisung zukommen: »Ab sofort können private Verstöße gegen die Bankordnung nicht mehr geduldet werden.«

Nach Dienstschluß gab sie mir auf dem Heimweg ihren feuchten Slip in die Hand und versprach in ihrer netten Art, daß ich mich um eine geordnete berufliche Zukunft nicht zu sorgen brauchte.

Für die Kasse schickte die Zentrale Jerry Hausmann, einen dreiundzwanzigjährigen Anfänger, den ich aufrichtig bedauerte, weil er das händische Zählen gar nicht mehr in seinem Lernprogramm gehabt hatte. Er zeigte auch keinerlei Ehrgeiz, in der Freizeit oder daheim sich in dieser alten Kunst zu üben, sondern übergab, als ob das eine Selbstverständlichkeit wäre, bereits Partien von weniger als zwanzig Scheinen der Zählmaschine, der er aus Mangel an handwerklicher Fertigkeit blind vertraute.

23

Am 14. Oktober erlitt Ingrid den ersten Anfall offener Melancholie. Als ich an jenem sonnigen Mittwoch gegen sechzehn Uhr nach Hause kam (ich hatte an meinem dienstfreien Nachmittag bei Dr. Barmeier vorgesprochen), saß meine Frau neben dem Wohnzimmersessel am Boden und begann, kaum hatte ich den Raum betreten, zu lamentieren: Herr Schlier würde sich nicht mehr melden, die Surrogatkost sei geschmacklich nicht länger zu ertragen, Sybilles Haut würde sich inzwischen an fünf verschiedenen Körperstellen ablösen, sie habe keinerlei Nachricht von Stefan, und ihr Chef, Herr Sänger, habe ihr auf dem Einschreibeweg untersagt, künftig an der Arbeitsstelle im Minirock zu erscheinen.

Das war sie, die Melancholie! Ein großes defätistisches Allerlei! Im Deutschen hatte man früher dafür auch das treffende Wort »Schwermut«. Kennzeichen war, so konnte ich in einem alten Lexikon nachlesen, eine Intensität der sogenannten negativen (!) »Gefühlswelt«, die sich jeder klaren, einfachen Rationalität versperrte. Während die Befallenen in vergangenen Tagen ihr Leben jedoch in einer Art »ruhiger Trauer« (wie es im Lexikon heißt) verbrachten, die für die unmittelbare Umgebung, wie das Wort »ruhig« verrät, recht angenehm gewesen sein mußte, überfiel Ingrid mich mit irrationalem, völlig negativem, ich muß schon sagen, Geschwätz. Und von Mut konnte, auch unter der Voraussetzung, daß er ihr schwerfallen würde, in gar keiner Weise mehr die Rede sein.

Ich muß aber der Fairness halber eingestehen, daß unser Mittwochsgespräch ein Ende nahm, das mir, auch unter Ablehnung jeder Form von Defätismus, Ingrid näher brachte.

Ich rüttelte sie auf und forderte eine klare Setzung von Prioritäten in ihrem melancholischen Tohuwabohu. Ingrid überlegte nicht lange, sagte vielmehr recht spontan: »Das Schlimmste ist die Sache mit dem Minirock.« Ich mußte über das Ausmaß ihrer Eitelkeit lachen, entdeckte darin aber zugleich auch Hoffnung, ihre eigene Person bei aller melancholischen Negation wieder aufzurichten.

Ich täuschte mich und sah mit einigem Entsetzen, was geschah. Wohl um mir die Ernsthaftigkeit ihres Minirockproblems zu beweisen, griff Ingrid mit beiden Händen an ihren linken Unterschenkel und löste einen Fetzen Haut von rund fünf mal dreißig Zentimetern ab. Diese Ablösungen geschahen ohne Schmerz. Die Haut verabschiedete sich quasi problemlos vom Körper, und bereits nach ein bis zwei Stunden bildete sich an der Ablösungsstelle eine Art Zellophanhaut, die zwar nicht die lederartige Schutzkonsistenz der Althaut besaß, aber zumindest stabil genug war, den Körper in seinen gewohnten Formen zusammenzuhalten.

Wenn man sich einmal auf ein bestimmtes Problem konzentriert und damit das emotionale Durcheinander geordnet hat, ergibt sich auch für den Melancholiker fast immer die Möglichkeit, Abhilfe zu schaffen oder Trost zu erfahren. Ich ging auf ihre abseitige Problemstellung ein und sagte: »Ingrid, die neue Mode wird dir entgegenkommen, und selbst junge Mädchen werden bald nur noch lange Röcke tragen.«

Sie schien mir gar nicht zuzuhören, schüttelte nur leicht den Kopf, wie es die geistig Kranken tun, wenn sie auf Tat und Rat der Normalen reagieren. Sie saß da, den Lappen Haut in der Hand, und stierte in meine Richtung, ohne mich wahrzunehmen.

Plötzlich aber begann sie, den Hautfetzen hin und her zu wedeln, sagte mit unvermutet klarer, ja entschlossener Stimme: »Weg damit!«, und blieb dennoch sitzen, wie sie saß. Dann brach sie in Tränen aus.

Ich lehne das ab. Ich kann mit derartigen Aufwallungen nichts anfangen. Tränen zeugen von einer derartig übersteigerten Egozentrik, daß dem klar denkenden und auf Optimismus bedachten Menschen jeder Zugang zu seinem Gegenüber abgeschnitten ist.

Ich versuchte aufrichtig, meine Frau und ihre Reaktionen zu verstehen, aber Tränen dieser Art errichten eine undurchdringliche Grenze zwischen dem Melancholiker und dem Normalmenschen.

Ich sagte: »Ingrid, ich finde dein Benehmen zum Kotzen.« Und, als ob ich es geahnt hätte, diese meine klare

Antwort half ihr mehr als alle Überlegungen zuvor. Mit einem Mal, wie mit einem Ruck, stand sie auf und verließ den Raum.

Schon nach wenigen Minuten kam sie zurück in ihrem blaugoldenen langen Rock, den sie seinerzeit extra für die Oper gekauft hatte. Sie sah blendend aus und wußte das auch. Das Hautstück verpackten wir – ich legte noch ein kleines Stück dazu, das mir just in diesem Moment vom rechten Handballen abgegangen war – in einer luftdichten Plastikfolie und verbrachten es in die neue hygienische Trenntonne, die sich jeweils fünf Wohnparteien zur Entsorgung teilten.

24

In der Bank herrschte eine recht ausgelassene Stimmung. Nur wer sich der naßkalten, ungemütlichen Herbsttage vergangener Zeiten erinnert, kann ermessen, wie wir uns allesamt, die ganze Belegschaft, des herrlichen Sonnenscheins erfreuten, der unsere Arbeit, die wir in lockerer Sommerkleidung verrichteten, regelrecht beflügelte.

Den ergötzlichen Fickstunden mit Beate nach Dienstschluß konnten auch kleinere Hautablösungen im Genitalbereich keinerlei Abbruch tun. Vielmehr war ich durch diesen Umstand gezwungen, mich in einer mir bis dahin völlig unbekannten Form von sexueller Zärtlichkeit zu üben, um die kleinen durchsichtigen Zellophanhautpartien in unmittelbarer Nähe der Zeugungsorgane nicht zu verletzen.

Die uns beiden eigene Freude an gewissen Voyeurismen erfuhr eine wesentliche Steigerung. So konnte ich von einer Stelle in Beates Schenkelbeuge zum ersten Mal in meinem Leben einen Teil der Gebärmutter betrachten, und Beate erlebte den vielen Frauen leider ganz unbekannten mentalen Orgasmus, wenn sie einen Blick durch mein kleines, wie sie es nannte, Hodenfenster tun konnte.

Vor wenigen Wochen wäre uns das alles noch albern, ja kindisch erschienen. Der Mensch aber paßt sich sehr rasch den Gegebenheiten seines Alltags an und macht das Beste aus dem, was unabdingbar ist.

Dabei nahmen wir die vergleichbar doch recht groteske Ficksituation nicht so ernst, wie man vermuten könnte, sondern begleiteten unsere natürlichen Liebesverrichtungen mit ausgiebigem Gelächter.

25

Der Kanzler hat gesprochen. Gemeinsam mit Herrn Schlier verfolgten Ingrid und ich die historische Rede am Fernseher. Nachdem er die positiven Zahlen zur Wirtschaftslage kommentiert hatte, fand er einige, ich muß sagen, sehr persönliche Worte zu den medizinischen Fragen.

Viele erlebten in diesen Tagen, so sagte er, durch gewisse Ablösungen der Haut eine Art Schockzustand. Es sei tröstlich, daß sie mit diesem Phänomen nicht allein dastünden. Die ganze Welt sei diesem Phänomen ausgesetzt, und er, der Kanzler, wisse, daß es den meisten Mitbürgern schwerfalle, die Veränderung eines jahrtausendealten Zustandes von heute auf morgen zu akzeptieren.

Die Wissenschaft sei sich zur Zeit noch nicht einig in der Ursachenforschung, aber die plausibelste Erklärung würde doch von den Fortschrittsgenetikern mit ihrem Verweis auf einen zweiten Evolutionssprung nach dem inzwischen fast schon vergessenen Haarausfall geliefert.

Eine kleine Gruppe von Wissenschaftlern um Prof. Mette verwies dagegen entschieden auf eine Epidemie im Grönland des frühen 12. Jahrhunderts, als die Hautablösungen ähnlich stringent wie in unseren Tagen verliefen und sich nach acht bis zehn Monaten eine völlig neue

Haut bildete, die der Althaut in fast sämtlichen Belangen überlegen war.

Die Grönländische Hautablösung betraf jedoch den Ganzkörper, ein Ablösungsausmaß, das der Kanzler für den aktuellen Fall bezweifelte.

Man müsse abwarten, sagte der Kanzler. Man dürfe optimistisch sein. Ein Regenerieren der Haut nach historischem Muster liege durchaus im Bereich des Möglichen. Aber selbst bei »Annahme des Extremfalls einer dauerhaften Totalablösung«, so fuhr er mit fester Stimme fort, »wird ein jeder von uns das Glück haben, als Teil der evolutionären Entwicklung der Natur jene Anpassungsfähigkeit zu mobilisieren, die uns seit eh und je vorwärts gebracht hat. Mit Stolz werden wir die neuen ästhetischen, ja existenziellen Chancen wahrnehmen, die uns die Natur bietet.«

Mit bewegendem Pathos rief er aus: »Wir alle, Sie und ich, sind Teil eines großen, wunderbar fortschreitenden Naturprozesses«, und mit diesen Worten öffnete er Knopf für Knopf sein blütenweißes Oberhemd, um uns, seinen Mitbürgern, das Wunder, wie er hinzufügend sagte, seines kräftig schlagenden Herzens zu zeigen. Des Kanzlers Brust und Oberbauch waren bis zum Nabel von jener Zellophanhaut überzogen, die den Blick freigibt ins Innere, auf die Innereien. Wenn man nicht auf nutzlose, ja unsinnige Weise am Althergebrachten festhielt, sondern eine gewisse Anpassungsreaktion besaß, konnte man sagen: der Kanzler sah schön aus.

Seine Gesichtspartien waren übrigens noch zur Gänze von Althaut bedeckt, obwohl Herr Schlier behauptete, es handelte sich dabei um transplantierte Eigenhaut oder Plastikersatz, dessen Produktion zur Zeit Konjunktur hätte.

Wir waren durch die Ansprache des Kanzlers wie befreit. Nur Herr Schlier reagierte etwas eigenartig. In dem Moment, da der Kanzler das Oberhemd öffnete, begann unser Gast zu lachen.

Gewiß, vor nicht langer Zeit hätte auch ich diese Geste noch als komisch angesehen, in dieser unserer Situation aber erschien sie mir als geradezu heldenhaft in ihrer ganzen Natürlichkeit.

Als ich Herrn Schlier zur Rede stellte und ihm für diesen Abend weiteres Lachen in meinem Hause untersagte, öffnete er seinerseits das Hemd, und ich war, ich muß es gestehen, beeindruckt: die Haut des Fernsehmoderators war, zumindest bis zum Gürtelansatz, unversehrt.

Der Abend nahm dann doch noch ein gutes Ende. Als Ingrid sagte: »Schlier, zeig doch mal deine Oberschenkel«, zierte sich unser Gast, fing dann aber gemeinsam mit Ingrid zu lachen an, bis auch ich einstimmte und herzlich mitlachte.

In den Spätnachrichten, Ingrid hatte sich mit Herrn Schlier längst zurückgezogen, wurde von fieberhafter Arbeit in drei Pharmakonzernen berichtet, die nach einem zellophanhautkräftigenden Mittel forschten. In dieser ersten Zeit der Ablösungen starben ja nicht wenige, weil sie die unzureichende Konsistenz des Zellophans, wie man bald abkürzend sagte, nicht richtig einschätzten oder aber, weil in manchen Fällen von Konsistenz gar nicht mehr die Rede sein konnte.

26

Nach den Spätnachrichten gab der Minister für Sport und Freizeitgestaltung eine Pressekonferenz, auf der sämtliche Sportveranstaltungen untersagt wurden.

Noch in der selben Nacht wurde das Verbot durch den Kanzler persönlich revidiert, um, wie er sagte, auf dem bisweilen schwierigen Weg der evolutionären Entwicklung menschliche Lebensfreude in keiner Phase zu unterbinden.

Am Abend des folgenden Tages kam es dann zu exorbitanten Ausschreitungen.

Es gehört wohl zu den humanen Urreflexen, in Zeiten der Veränderung den alten, gewohnten Zustand zu vermissen und für das Neue, dessen Vorteile man noch nicht in vollem Umfang erkannt hat, Verursacher zu suchen, denen man Schuld zuweist und sie bestraft.

Bei einem Sportereignis, dem ich als Zuschauer beiwohnte, konkretisierte sich dieser Reflex in einem Vorgang, an dem auch ich beteiligt war, oder besser: ich wurde Zeuge der Beteiligung einer großen Masse von Zuschauern, zu der auch ich gehörte.

Wir, das heißt die Masse, wurden kurz nach Beginn der zweiten Halbzeit des Pokalfinales im Hallenhandball in eine Art Rausch versetzt und ermordeten kurz nach dem Wiederanpfiff zwei komplette Erstliga-Mannschaften.

Nun kann man fragen, und ich hätte es mich damals fragen müssen, was Hallensportler mit der Schuldfrage in der leidigen Hautangelegenheit zu schaffen haben, außer daß sie selbst Opfer der naturbedingten Ablösungen waren.

Hing nicht dem Torwart von Grünweiß nach einem bravourös gehaltenen Siebenmeter in der 28. Minute selbst ein ganzer Fladen Backenhaut bis zum Halsansatz herunter!

Eigenartigerweise aber war es wohl, so kann man heute vermuten, gerade die Hautablösung dieses gefeierten Torwartidols coram publico, die, in Verbindung mit dem nebulösen Ministerverbot, den durch und durch nervösen Mob aufpeitschte und wenig später zum Äußersten trieb. In der Halbzeit erklangen noch die gewohnten Schlachtengesänge der Fans. Sofort nach Wiederanpfiff aber wurde es eigenartig still in der Halle.

Als kurz nach dem Anpfiff zur zweiten Halbzeit, beim Stande von 14:14, der Abwehrspieler Hein Wolke vom THW seinem Gegner, dem Kreisläufer Willi Walther, mehr aus Versehen als aus unfairer Absicht, einen größeren Lappen Haut vom Rücken riß, weil er im Eifer des Gefechts (und den Spielregeln zuwiderhandelnd) seinem Gegner, während der zum Sprungwurf ansetzte, unters Trikot gegriffen hatte, da endete das eigenartige Schweigen in einem tausendkehligen Schrei. Mit dem Pfiff des Schiedsrichters stürzten sich siebentausendfünfhundert schreiende Menschen aufs Spielfeld und schlugen erst Wolke, dann Willi Walther und die restlichen Mitspieler zu Boden. Keiner der teils recht angesehenen Hallensportler überlebte, und auch unter den Zuschauern gab es zahlreiche Opfer. Mir gelang es, als ich Gefahr lief, von der Masse zerquetscht zu werden, mich aus dem Zentrum des Geschehens zurückzuziehen, indem ich mich zu Boden warf und zum Ausgang robbte.

Als ich endlich auf der Straße war, hielt ich einen Fetzen Haut in den Händen, dessen Ausmaß von rund vierzig mal dreißig Zentimetern mich versicherte, daß er nicht von meinem eigenen Körper stammen konnte. Ich ließ die fremde Haut fallen und bemerkte, daß meinen Händen, bedingt durch das angestrengte, menschenunwürdige Robben, an den Innenflächen sämtliche Eigenhaut abhanden gekommen war.

Am nächsten Tag konnte ich in der Zeitung lesen, daß zweitausendsiebenhundert überlebende Zuschauer des denkwürdigen Hallenhandballtreffens ins Gefängnis an der Daimlerstraße verbracht worden waren, das als einzige Anstalt so viele Menschen aufnehmen konnte, in sogenannter Saalverwahrung.

Nachdem ich der Masse entkommen war, trank ich, quasi zur Beruhigung, am Abend noch ein Bier im Lokal »Zum Stübchen«. Ich traf Herrn Schlier, der dort Stammgast war. Er prostete mir zu, zog mich dann beiseite und gab mir einen Tip, wie man ohne Althaut das Glas mit den Händen halten konnte. Für Dauertrinker, wie den Hausfreund Schlier, hatten die deutschen Brauereien kleine Tüchlein aus Kunstzellophan zur Verfügung gestellt, die man, wo nötig, um die Hand wickelte, um der natürlichen Zellophanhaut einige Unterstützung zukommen zu lassen. Vom heutigen Wissensstand aus gesehen ein eher lächerliches Unterfangen, dem ich an diesem Abend auch nicht zu folgen brauchte, weil ich mit dem einen Bier genug hatte.

Nach seinem siebten Glas flüsterte Schlier mir einige Geschmacklosigkeiten über Ingrids hautfreien Genitalbereich ins Ohr. Ich war von den Hallenhandballereignissen noch derart benommen, daß ich ihm nur still zunickte. Wenn er daraus Rückschlüsse auf einen eher passiven Charakter gezogen haben sollte, so würde er das bald zu revidieren haben! Zudem hatte ich mich entschlossen, den Worten des Kanzlers zu folgen, Ruhe zu bewahren und den guten alten Optimismus zu reaktivieren.

27

Ende Oktober verloren wir unsere liebe Tochter Sybille. Wie zum Dank an ihre beiden Eltern wiederholte sie auf dem Sterbebett hin und wieder jene Worte, mit denen sie uns an ihrem dritten Geburtstag erfreut hatte: Sonne, Mami, Blümelein.

Tragischerweise kam das medizinische Mittel, das ihr Leben hätte retten können, erst eine Woche nach ihrer Beisetzung auf den Markt. An drei aufeinanderfolgenden Tagen schluckt man je fünf Pillen Pellagon, und an sämtlichen Stellen, wo die Althaut sich abgelöst hatte, verstärkt sich die Zellophanhaut dergestalt, daß man, abgesehen vielleicht von ein paar ästhetischen Irritationen in der Anfangszeit, ganz normal weiterleben konnte.

Selbst bei Problempatienten, zu denen unsere Sybille zählte, bei denen das Zellophan so dünn beschaffen war, daß die Organe unter den Ablösungspartien praktisch freilagen, zeitigte Pellagon weltweite Erfolge.

Zu Beginn von Sybilles kritischem Zustand arbeitete man, trotz der zeitlich gar nicht fernen Parallelvorgänge im ehemaligen Tierreich nicht ahnend, daß es sich um eine naturbedingte Mutation handelte, mit einer konservativen, das heißt völlig falschen Behandlungsmethode. Man versuchte, die abgefallenen Hautpartien durch im überkommenen Sinne gesunde Teile zu ersetzen.

Was früher, vor allem bei Verbrennungen höheren Grades Erfolg, hatte, endete hier im Desaster. Wo immer man, bevorzugt am Oberschenkel, Teile für die Transplantation ablöste, bildeten sich neue, größere Leerstellen. Beim Versuch, an den offenen Stellen das Transplantat anzunähen, brach die Haut an den Rändern aus. Die Hautpartie, die Rettung bringen sollte, erwies sich stets als inkonsistent, und in den meisten Fällen lösten sich an den Nahtstellen weitere Hautpartien ab.

Das gesamte Verfahren war höchst ineffektiv, und ein Blick auf das Ende der Tierwelt hätte selbst den medizinischen Laien belehren können: Was soll eine Transplantation, wenn der Ablösungsprozeß insgesamt nicht zu stoppen ist? Aber die Transplantationsfanatiker, insbesondere die Gruppe um Prof. Hülstrunk, versuchten sogar noch Anfang November, abgelöste Hautteile von verstorbenen Patienten auf natürliche und durch Pellagon gefestigte Ablösungsstellen zu transplantieren.

Während der letzten Tage, die unser Kind in ausschließlich liegender Haltung so verbrachte, daß es sich kaum noch rührte, zeigte Sybille eine erst etwas befremdende, dann aber freudig akzeptierte Heiterkeit.

Mit echter kindlicher Neugierde fragte sie uns nach den Namen der einzelnen Organe und freute sich, ganz ohne Zweifel, daß sie so offen ihr Herz, ihren Magen und die Nieren betrachten konnte. Es war, als ob sie das, was vorher keinem Menschen möglich war, als Privileg genoß, ehe sie verschied.

Es starben damals innerhalb weniger Wochen über 137 Millionen Menschen weltweit, ehe der menschliche Erfindungsgeist durch Pellagon die Rettung brachte.

Die hohe Todesrate ist allerdings nicht nur auf die anfangs fälschlicherweise als Krankheit diagnostizierte Mutation zurückzuführen, sondern resultierte zu großen Teilen aus jener menschlichen Massenschwäche, der ja auch ich bei der Hallenhandball-Veranstaltung partiell unterlegen war. Allein in Mitteleuropa wurden rund 1,8 Millionen Iren, Juden, Fremdhäutige wie Afrikaner, Chinesen und Indianer sowie besonders viele Sporttreibende (und das betraf nicht nur den Hallenhandball) in den ersten beiden Wochen ermordet.

Im asiatischen Bereich traf es, zumal in Ländern mit Mischbevölkerung, vor allem die kleineren Volksgruppen. So wurden in Malaysia die Orang Uslis, die im Regenwald lebende Urbevölkerung, in der dümmlichen Annahme, in ihnen die Schuldigen gefunden zu haben, zur Gänze ausgerottet.

Unnnötigerweise sind viele jeweils Andersfarbige gelyncht worden. Ein Zeitungskommentator schrieb, verständlicherweise wären viele Menschen mit der »Gleichmacherei der Natur« nicht einverstanden.

Bei einer der quasi öffentlichen Lynchaktionen soll eine Frau mittleren Alters gerufen haben: »Ihr habt nun mal eine andere Farbe, und das wird sich auch nicht ändern, wenn die Haut ab ist.«

Tatsächlich haben Untersuchungen in der pathologischen Abteilung der hiesigen Universität bleibende optisch-rassische Differenzierungsmerkmale unterm Zellophan ergeben.

Mit den Hautablösungen hatten sich leichte, medizinisch unbedenkliche Veränderungen im Aussehen des Körperinneren eingestellt. Die Primärorgane Magen, Herz, Leber, Niere waren von einer glasigen gallertartigen Masse umgeben, die das alte Fettgewebe ersetzten, ihm an Moleküldichte jedoch überlegen war.

In diesem Gallert fanden sich Restspuren derselben Hautfarben, die bis dato die Menschen so leicht unterscheidbar gemacht hatten. Diese Restspuren aber sind so gering, daß sie ausschließlich mit dem berühmten Hora-Mikroscop ausfindig gemacht werden können und deshalb im zwischenmenschlichen Alltag keine Rolle mehr spielen.

Alles in allem hatte die Natur auf wunderbare Weise, wenn auch mit einiger Verspätung, das große Ideal der französischen Revolution in ihrem Bereich erfüllt: alle Menschen sind gleich.

Die Kriterien für das Aussehen des Menschen hatten sich ganz ins Innere verlagert. Die Durchsicht auf die Organe sollte den Beginn eines neuen Schönheitsempfindens, einer neuen menschlichen Ästhetik begründen. Vor allem dem Herzen würde in diesem Zusammenhang eine Rolle zukommen, die ehedem zwar häufig besprochen und besungen, nie aber in ihrer ganzen inneren Natürlichkeit erlebt worden war.

In jenen Tagen machte der Club der Aufständischen

von sich reden, und zwar in überraschend erfreulicher Weise. In natürlicher Konsequenz der fortschrittlichen Entwicklung erledigte er sich selbst.

Dieser Verein, staatlich gefördert und ins amtliche Register eingetragen, war das Sammelbecken sämtlicher Revoluzzer, Aufwiegler, notorischer Querdenker und Besserwisser. Er bestand aus einhundertdreiundzwanzig Mitgliedern, die sich verpflichtet hatten, ausschließlich im Rahmen der (sehr, sehr weit gesteckten) Gesetze zu agieren. Einmal im Jahr veranstalteten sie einen Fahnenumzug mit moderner Musik, bei dem die irrsinnigsten Plakate durch die Stadt getragen wurden: »Nieder mit der Profitwirtschaft!« »Rettet die Erde!« »Meuchelt den Kanzler!« etc. Bis dato galten diese Verwirrten als durchaus friedfertig. Es muß aber am Abend des verhängnisvollen Handballspiels auf einer internen Clubsitzung zu derart heftigen Auseinandersetzungen gekommen sein, daß insgesamt einhundertneunzehn Clubmitglieder durch Zellophanverletzungen ihr Leben ließen.

Es wäre dieses interne Gemetzel wohl nicht weiter aufgefallen, wenn nicht in der Wochenendausgabe der überregionalen Tageszeitungen regelrechte Großanzeigen um neue Mitglieder geworben hätten, da der Vereinsstatus bekanntlich an eine Mitgliederzahl von mindestens sieben volljährigen Personen gebunden ist. Da die Anzeigenaktion binnen einer Woche wiederholt wurde, darf man annehmen, daß die gesetzlich vorgeschriebene Mitgliederzahl nicht mehr erreicht wurde.

28

Gleich nach Sybilles Tod ließen wir Trauerkarten drukken und verschickten davon insgesamt dreiundachtzig Stück, auch an Personen, die Sybille nicht kannten, die aber zu unserem weiteren Bekanntenkreis zählten.

Ich erwähne diese Karten, weil sie mich, auch nach längerem Nachdenken, eingestehen ließen, daß ich nicht recht wußte, was das Wort Trauer bedeuten sollte. Die Beisetzung war dann der Anlaß zu regelrechten Grübeleien.

Jedermann benutzte das Wort »Trauer« in Zusammenhang mit dem Ableben eines Verwandten oder Freundes. Aber die meisten, bei denen ich mich nach der Bedeutung des Wortes erkundigte, gaben nichtssagende Antworten. Die Trauerzeit sei die Zeit nach dem Tod, hieß es, und: »Trotz aller Trauer muß das Leben weitergehen.«

Während Ingrid kaum ansprechbar war – sie litt unter einem ihrer alten Anfälle von Melancholie –, hatte Beate eine Idee: »Das ist ein Wort«, sagte sie, »über das meine Mutter sehr wahrscheinlich Bescheid weiß. Als ihr Mann, mein Vater, gestorben war, hat sie mir einmal gesagt, daß sie in Trauer versinke.« Da man aber, wie jeder weiß, in einem Wort nicht versinken kann, muß es sich bei Trauer wohl um etwas schlechthin anderes handeln, wenn man der Rede Prinzessin Angelikas folgt, um etwas Tiefes, in dem man versinken kann.

Ich kam damit nicht zurecht. Ich wußte doch bei vielen anderen Worten, die vielleicht auch etwas dubios klingen, Bescheid: Liebe, Zorn, Melancholie, etc.

Liebe war Ficken, und wenn ich fickte, wußte ich, was Liebe war; Zorn war Brüllen, und wenn ich brüllte, wußte ich, was Zorn war. Mit der Melancholie hatte ich durch Ingrids melancholische Geschwätzigkeit ja auch ausreichende Erfahrungen. Hier aber war mir irgend etwas abhanden gekommen.

Beate brachte, in Zusammenhang mit Prinzessin Angelika, noch einmal die Rede auf das sogenannte Gefühl. Nun kannte ich das Hungergefühl, das Durstgefühl, auch sagte ich hin und wieder, daß ich mich müde, frisch, krank, etc. fühlte, aber meine ganz konkreten persönlichen Erfahrungen brachten mich in der Trauersache nicht weiter.

Im Bestattungsinstitut Reinhardt & Söhne fand ich ein Heft mit Abbildungen von, wie es hieß, Trauernden. Man konnte da Menschen sehen, die beide Hände vors Gesicht oder eine Hand an die Stirn hielten, ihren Kopf seitlich auf die Hand stützten, zu Boden schauten oder aber den Blick in die Ferne richteten. Alle Gesichter waren geprägt von jener Art schweigender Melancholie, die man, wie ich es bereits im Zusammenhang mit Ingrid erklärte, früher auch unter dem Stichwort »Schwermut« gekannt und zu Trauerzwecken benutzt haben muß.

Dann entdeckte ich in dem Trauerheft aber auch Bilder von schreienden, ja augenscheinlich laut brüllenden

Menschen, so daß mir selbst eine tiefere Kenntnis der schweigenden Melancholie wohl nicht weitergeholfen hätte.

Ich erinnerte mich, daß ich – es war, noch ehe ich zur Schule ging – den Melker auf dem elterlichen Bauernhof, Josef Forster hieß er, einmal auf den Stufen vor seinem kleinen Haus hockend angetroffen hatte, die Arme über den Knien verschränkt und das Gesicht in den Armen verborgen. Ich blieb vor ihm stehen, weil seine Schultern auf eine mir ungewohnte Weise zuckten und ich den Grund dafür wissen wollte. Nach einiger Zeit schaute der Mann auf, und ich sah, daß sein Gesicht naß war. Er sagte: »Die Else ist tot.«

Meine Eltern erklärten später, und dessen erinnere ich mich exakt: »Der Forster lebt in Trauer.«

Vor dem abendlichen Fernsehprogramm versuchte ich jene Trauerhaltungen, die ich im genannten Heft vorgefunden hatte, nachzuahmen. Auch hockte ich mich, wie weiland der Melker Josef Forster, nieder, legte das Gesicht auf die Knie und zuckte mit den Schultern.

Es stellte sich aber nichts ein, was des Berichtens wert wäre. Schließlich gab ich mich damit zufrieden, daß ich mir sagte, der Versuch zu finden, was Trauer sei, bedeutete immerhin eine angemessene Besonderheit im Angesicht des Kindverlustes.

29

Die Zustände auf den Straßen und Plätzen der Stadt waren vorübergehend geradezu unerträglich. Man schulte zwar die ehemaligen Fleischhauer in dreitägigen Sonderlehrgängen zügig zu Reinigungsspezialisten um, das gesamte Müll- und Reinigungspersonal aber reichte nicht aus, um Ordnung und Sauberkeit im gewohnten Sinne zu schaffen.

Es lag nicht nur daran, daß viele keinen Gebrauch von den sanitären Sondertonnen machten, ihre Haut vielmehr, zum Teil immerhin gebündelt, auf den Gehsteigen deponierten, sondern mehr noch an der Unberechenbarkeit der Ablösungsvorgänge.

Ganz unvermutet, auf dem Weg zur Arbeitsstelle, zur Schule oder auf dem Heimweg stellten sich spontane Hautablösungen ein. Als ich an der Bushaltestelle nahe der Bank eine mittelgroße Partie von der Halsrückseite verlor – ich strich mir übers Haupt und hatte den Fetzen plötzlich in der Hand –, wußte auch ich nicht, wohin damit, und ließ ihn in einem unbeobachteten Moment, als alle Mitwartenden zum haltenden Bus eilten, einfach auf den Boden fallen. Und weit und breit kein Reinigungspersonal!

Nicht nur der Mangel an Reinlichkeit erschwerte den Aufenthalt in der Stadt. Unterstützt durch die stets hochsommerlichen Temperaturen hatte sich ein abstoßender süßlicher Verwesungsgeruch gebildet. Er hing in schweren Schwaden zwischen den Häusern und lehrte manch einen, der vorher keine Erfahrung damit hatte, das Kotzen.

Auf einem der kurzen Wege, die ich mit Beate in ihr, wie wir es häufig nannten, bulgarisches Fickparadies zurücklegte, löste sich bei ihr ein anständiger Lappen von der linken Wade. Es wäre ihr wohl gar nicht weiter aufgefallen, da sie sich erstaunlicherweise kaum um diese Dinge kümmerte, sondern in jeder Lage auf ihr optimistisches Vertrauen in die natürliche Fortentwicklung setzte. Ein junger Passant aber sprach uns an und bat auf eine ungewöhnlich vornehme Art, den Fetzen in Besitz nehmen zu dürfen. »Na bitte«, sagte Beate in der ihr typischen Sorglosigkeit, und der junge Herr löste die Althaut, die nur noch an ein paar dünnen Fädchen über den Knöcheln hing, ab und steckte sie in eine Plastiktüte.

Er spürte wohl mein Verwundern, verbeugte sich in aller Förmlichkeit und sagte: »Es wird tiefgefroren. Wer weiß, wofür es dereinst von Nutzen sein wird.«

Ich erinnerte mich an dieses kleine Erlebnis, als Herr Dattler, der befreundete Metzger vom ehemaligen C-Markt, eines Morgens mein Direktionszimmer betrat, um einen hohen Betrag von seinem Konto abzubuchen. Als kleine geschäftliche Aufmerksamkeit schob er mir ein letztes Stück Sauerbraten über den Tisch und erbat einen zusätzlichen Geschäftskredit. »Ich muß mir eine neue

Existenz aufbauen und bin dabei, im Osten der Stadt mehrere Kühlhäuser einzurichten, deren Betrieb es mir erlauben wird, den Kredit bereits nach drei Monaten zurückzuzahlen.«

So halfen wieder und wieder private Initiativen im Rahmen der freien Profitwirtschaft, die öffentlichen Probleme zu lösen, wobei die Hygienesituation sich wesentlich verbesserte durch einen meist als nebensächlich erachteten Vorzug des Tiefkühlverfahrens: jedwedes Objekt verliert ab minus 7,5 Grad Celsius sämtliche Geruchseigenschaften.

30

Die letzten fünf Wochen möchte ich als eine Art Übergangs- bzw. Schwellenzeit bezeichnen. Wenn dem Menschen Neues widerfährt, setzt er sich häufig besinnungslos zur Wehr, anstatt sich, klaren Kopfes handelnd, in den ewigen Prozeß der Natur einzufügen.

Natürlich fällt es schwer, Veränderungen, wie wir sie erleben durften, unbeschadet durchzustehen, und auch ich habe ja vieles geistig in mir umgewälzt und gedanklichen Experimenten unterworfen, ehe Ruhe und Einsicht obsiegten.

Was die körperlichen Veränderungen betrifft, so war anfangs vor allem das Fehlen der Augenlider und der virilsexuellen Vorhaut gewöhnungsbedürftig. Letzteres betraf lediglich die Unbeschnittenen, zu denen ich mich allerdings zu zählen hatte.

Gerne machte ich mir die medizinische Beschneidungsargumentation zu eigen, die in der Vorhaut ausschließlich den gefährlichen Hort microbischer Pilze, Sexualmilben, allerlei Viren und anderer Schädlichkeiten sieht.

Natürlich war anstelle von Augenlid und Vorhaut das entsprechende Zellophan vorhanden. Für Feuchtigkeit und Staubabwehr mochte das bezüglich der Augen von Nutzen sein, für das Zeugungsorgan erwies es sich als unbrauchbar. Und wem das Zellophan mangels sexueller Praxis nicht von selbst abhanden gekommen war (trotz aller Zärtlichkeitsbemühungen in der ersten Zeit war das im Grunde gar nicht zu verhindern), der konnte es im Arabischen Kulturzentrum ambulant entfernen lassen. Es wurden daselbst auch – mit Unterstützung des staatlichen Fördervereins der 7. Sexualkampagne – Abendkurse über die (für viele neuen) Techniken in der Kunst des vorhautlosen Onanierens angeboten.

Während die sexuellen Dinge naturgemäß mehr im Verborgenen liegen, und die Damen nur sehr bedingt davon betroffen waren, hatte das allgemein sichtbare Fehlen der Altaugenlider zunächst doch etwas leicht Irritierendes. Innerhalb kurzer Zeit aber hatte man sich an den sogenannten offenen Blick gewöhnt, der nicht nur

den Augapfel in seiner ganzen Fülle und Schönheit darbot, sondern sich gleichsam übertrug auf eine offenere
Art des zwischenmenschlichen Umgangs. Es gab Psycho-
logen, wie den uns befreundeten Mathias Bergmann, die
behaupteten, die verschiedenen Massaker hätten nicht
stattgefunden, wenn der Mensch schon zu dieser Zeit
den offenen Blick gehabt hätte.

Ich kann heute über vieles, was mich zu jener Zeit bewegte, nur schmunzeln. Die Klimax irriger Kuriosität
waren wohl meine Trauerübungen anläßlich der Beisetzung unserer Tochter Sybille. Wie angenehm ist es doch,
das Wort Trauer wie andere Worte einfach zu akzeptieren, ohne nach irgendwelchen Haltungen oder sogenannten Gefühlen herumzusuchen.

Wir sind, und da spreche ich durchaus für die große
Mehrheit, nach den letzten Wochen in einen ruhigen,
ich möchte sagen, glückhaften Zustand versetzt, der geprägt ist vom inneren Bekenntnis zur neuen Natürlichkeit.

Wozu braucht der Mensch die Haut, wenn es – unter
zeitweiliger Zuhilfenahme einiger Naturmedikamente –
auch ohne geht. Auf ihrem evolutionären Weg zum
Menschsein an sich stößt unsere Spezies alles ab, was
nicht unbedingt erforderlich ist. Die Schönheit der inneren Organe, das Wunder des Blutkreislaufs, all das war
uns früher fremd, blieb im Verborgenen, verdeckt durch
jene im Grunde unnütze Althaut, die wir nun endlich
abgestoßen haben.

Nur in dürren Worten vermag ich wiederzugeben, was Minister Zergendorf in seiner durch und durch optimistischen Fernsehansprache vom 4. November verkündet hatte: wir sind auf dem richtigen Weg. Die Wirtschaft befindet sich durch eine Fülle innovativer Produktentwicklungen, vor allem im kosmetischen Bereich, auf einem in der Geschichte bisher unbekannten Höhepunkt. Die Arbeitslosenzahl sinkt, und der Aktienindex liegt um dreiundachtzig Prozent über dem Stand des Vorjahres.

Die Textilindustrie erlebte selbst in unseren Breiten, wo seit Jahren kaum noch Webereien anzutreffen waren, einen ungeahnten Aufschwung durch Innovation und Erfindungsgeist. Nachdem sich herausgestellt hatte, daß durch die herkömmlichen Stoffe, sieht man von Naturseide ab, das Zellophan teils aufgescheuert, teils gänzlich abgetragen wurde, entwickelte man in kurzer Zeit mehr als zwölf verschiedene zellophanverträgliche Qualitäten.

Die alten Textilien waren deshalb so gefährlich, weil in jenen Tagen noch keine zufriedenstellende Methode entwickelt war, geöffnete Hautstellen dauerhaft zu schließen.

Im Bereich der Öffnungen führte das sogenannte Nässen nicht selten zum Tode. Selbst die gute alte Baumwolle mußte durch neue naturchemische Garne ersetzt werden, wies sie doch nach mehr als vierstündigem Zellophankontakt Verklebungen auf, die nur in bestimmten Kliniken gelöst werden konnten.

Die neue Mode kam Ingrid sehr entgegen. Das Minirockproblem hatte sich von selbst erledigt. Bodenlange, weitschwingende Röcke wurden getragen, und Ingrid sah sich trotz des doch fortgeschrittenen Alters im Zenit ihrer Laufbahn. So verschwand ihre Melancholie, unterstützt durch ein neuartiges Medikament, das Laetit, und durch meine tätige Hilfe. Auf Anraten Dr. Barmeiers strafte ich jedwede melancholische Regung mit ostentativer Mißachtung.

Die Laetitkapseln wurden von den Apotheken, nach der staatlichen Verordnung vom 18. Oktober, in großen Mengen kostenlos und ohne ärztliche Rezeptur verteilt.

Langsam gewöhnten wir uns an neue Praktiken im Sexualbereich, der die menschliche Erfindungsgabe, wie bei Textil und Kosmetik, auf das Schönste herausforderte. In den evolutionären Einbrüchen liegt die Notwendigkeit verborgen, der Natur folgend, Neues zu finden, sich ihren scheinbaren Überraschungen anzupassen.

Mit der Erfindung von Pellagon kam das Ende der vorübergehend praktizierten und im Grunde doch recht lästigen Überzärtlichkeit. Beate und ich, die wir das Glück hatten, daß unser beider Zellophan von recht guter Konsistenz war, rammelten, wenn man es gleichsam von außen betrachtete, wie in alten Tagen.

Anfangs fehlte eine Komponente, an die sich die Menschen über Jahrtausende gewöhnt hatten: der Althautkontakt. Zellophan reagiert in keiner der gewohnten reizintensiven Hautweisen auf wechselseitige Berührung. Der menschliche Tastsinn hatte sich als überflüssig erwiesen. Einige Zeit verharrten wir noch in alten Streichelritualen, bis wir deren völlige Nutzlosigkeit akzeptierten.

Neben den haptischen hatten auch die überkommenen optischen Reize ihre Wirkung verloren. Gerade in letzterem aber öffneten sich ganz neue Dimensionen. Der Anblick einer wohlgeformten Gebärmutter samt Eierstöcken ließ jede althautumgrenzte Fotze vergessen, und was war schon ein Blick auf irgendwelche Birnen- oder Apfeltitten im Vergleich zur offen sich bietenden Form eines liebenden weiblichen Herzens. Nichts Äußeres konnte sich mit dem Blick ins Innere messen bezüglich Reiz, menschlicher Qualität und inniger tiefer Natürlichkeit. Und wenn man denn das Glück hatte, das Kreisen des Blutes zu beobachten, das dem Orgasmus gleichsam entgegenströmte und Venen und Arterien im Innersten anschwellen ließ, dann empfand man in höchster Lust zugleich den Stolz, in einer Zeit leben zu dürfen, die uns all dies bescherte.

Früher hätte mich allein der Gedanke an Derartiges für Wochen impotent gemacht. So wandelt sich der Mensch zu seinem Glück.

Die neuen Reize lösten vorübergehend eine schöne Promiskuität aus. Der Drang, Neues zu entdecken, führte mich in kurzer Zeit mit drei mir bis dahin sexuell unbekannten Damen zusammen, deren Herzformen sich jeweils auf überraschende Weise unterschieden. Das überkommene Dichterwort von den Herzen, die zueinander finden, vom Herz, das ich verschenke etc., wurde endlich eingelöst in des Wortes wirklicher Bedeutung.

Gern erinnere ich mich an jenen Dienstag, als Brigitte Roll, eine Stammkundin, im Begriff war, nach einer für beide Seiten erfolgreichen Anlageberatung, mein Direktionszimmer zu verlassen, vor der Tür aber halt machte und sich mir quasi privat zuwandte. Es war, soweit ich zurückdenken kann, das einzige Mal, daß ich mich in Anwesenheit einer zweiten Person von meinem Direktionssessel erhob. Geradewegs ging ich auf sie zu und sagte nur: »Wo und wann.« Brigitte hatte verstanden. »Siebzehnuhrdreißig«, sagte sie, »Isabellastraße 1, dritter Stock.«

Diese schöne Art klarer Fickabsprache, versetzte mein Blut in Wallung, und schon um siebzehn Uhr fünfzwanzig des gleichen Tages öffnete Frau Roll mir im erwähnten dritten Stock ihr Herz, das heißt, sie ließ mich ihr Herz sehen, das mir, wenn auch nur für begrenzte Zeit, das Liebste und Schönste schien. Es war kleiner, fester und zugleich lieblicher als alles, was ich mir an Damenherzen vorstellen konnte, und sein kraftvoller Rhythmus übte eine geradezu betäubende Wirkung auf mich aus. Man möge mir diese durchaus emphatischen Worte nicht als irrationale Übertreibung anrechnen. Das alles war neu damals.

»Ich will dir mein Herze schenken«, sagte Brigitte Roll und nahm nach alter Weise meinen Schwanz in die Hand, der derart sensibilisiert war, daß er, während mein

Blick sich an ihrem Herzmuskel erfreute, auf der Stelle losspritzte.

»Machst du das immer so?« fragte sie lächelnd. Noch in der gleichen Woche gab sie mir dreimal Gelegenheit, sie in dieser Hinsicht eines Besseren zu belehren.

Beim vierten Mal (Beate war schon etwas beunruhigt und äußerte prinzipielle Einwände gegen die Kundenbetreuung außer Haus) erschien unvermittelt ihr Gatte im Schlafzimmer, ein Klempnermeister aus den Alpen, der uns zum Unglück wurde, wobei ich ihn aufrichtig bedauerte.

Der Mann war bisexuell und hatte für spezielle Varianten seiner Begabung keine medizinisch vertretbare Chance mehr. Bis zum heutigen Tag sind Dreierkonstellationen dem normalen Zellophan kaum zumutbar.

Als der Klempner an diesem Tag, nach dem Betreten des Schlafzimmers, seinem Begehren trotz aller Warnung nicht Einhalt gebieten konnte, und Brigitte nach einigem Hin und Her zuunterst lag, erlitt sie einen Zellophanriß im Mittelbauchbereich. Sie näßte derart, daß ich mich Hals über Kopf verabschiedete und, mehr schlecht als recht bekleidet, das Weite suchte.

Am Ende jener Übergangszeit, ab der zweiten Novemberwoche etwa, war die Stadt von einer wohltuenden Ruhe.

Im baumbestandenen Zentrum des kleinen Platzes vor meiner Bank (fünf prächtige Plastikfiederpalmen und drei Haselnußstrauchimitate) flanierten die Damen in ihren eleganten langen Kleidern, nahmen hier und da auch Platz auf einer der Bänke, um miteinander zu plauschen. Zu den langen Kleidern passend wurden breitkrempige Hüte getragen. Ingrid sagte, daß die Haute Couture von einer »Rückkehr zur Dame« sprach und damit das Wiederaufleben der Mode von 1912, bzw. 1940 meinte.

Es trugen damals noch alle die Gesichtsmaske, die dem Antlitz das herkömmliche Aussehen bewahrte.

Die industrielle Produktion dieses Surrogats der gesichtsförmigen Althaut konnte in kurzer Zeit die gesamte Menschheit bedienen. Ob dieses Wunders an industrieller Fertigung wurden Vermutungen laut, man habe dabei nicht nur auf bereits existierende Techniken und Maschinen zurückgegriffen, sondern sich auch längst fabrizierter Erzeugnisse bedient, die es seit Gedenken zu kaufen gab.

Ich hatte keine Kenntnisse von diesen Dingen. Die plastische Chirurgie aber hatte wohl immer schon davon Gebrauch gemacht – erst bei Unfallverletzungen, mehr und mehr aber auch bei ästhetischen Korrekturen und (da man das Aussehen extrem verändern konnte) im kriminellen Bereich.

Ein wissenschaftlicher Zeitungskommentar wies nach, daß bereits in der zweiten Hälfte des 20. Jahrhunderts zum Beispiel mehr als ein Viertel der deutschsprachigen Bevölkerung heimlich ein Gesichtsimitat trug. Die Tatsache, daß schon damals das Imitat von einem Original kaum zu unterscheiden war, kann als Zeichen für die hohe Produktqualität gewertet werden.

Wenn ich die Gesichter, mit denen ich Umgang hatte, Revue passieren ließ, so kam mir einzig bei Herrn Kost die Vermutung, daß er schon seit geraumer Zeit ein Imitat trug. Sein Gesicht war stets von einer gleichbleibenden stählernen Glätte, die vor allem gegen Dienstschluß, wenn alle ermattet waren, irgendwie unnatürlich wirkte.

31

Schon in der Haustür hielt mir Ingrid den Brief entgegen. Stefan hatte geschrieben: »Liebe Mutti, lieber Vati! Mir geht es gut. Ich verbringe hier kosmische Tage. Es geht endlos dem Ende zu, das heißt, die Welt ist schon im Himmel, aber die meisten wissen es noch nicht. Die Formen von Regression, auf die ich gesetzt habe, greifen nicht mehr. Ich trage ein Bärenfell. Da es mir aber nicht gelingt, mich in der Bärensprache verständlich zu machen (ehrlich gesagt beherrsche ich sie gar nicht), hält mein Führungspädagoge immer weniger von meinem Unternehmen. Macht Euch keine Sorgen um Euren Sohn (neue Zeile) Stefan, (neue Zeile) der Euch immerhin dieses Leben verdankt. PS. Grüßt das Schwesterlein.«

Wir haben den Brief mehrmals gelesen. Aber obwohl wir mit der etwas gelehrigen, ja geradezu altklugen Ausdrucksweise unseres Sohnes durchaus vertraut waren, wurden wir nicht recht schlau aus seinen Worten. Ich tendierte dazu, das Ganze als eine eher harmlose Mystifikation anzusehen. Ingrid aber zeigte sich außerordentlich beunruhigt, und eine nicht näher definierte Sorge erstickte bald die anfängliche Freude über die Nachricht. Weder beruhigende Worte noch allerhand ernstgemeinte Verheißungen sexueller Art, mit denen ich überzeugt war, sie nach relativ langer ehelicher Enthaltsamkeit umstimmen zu können, hielten sie davon ab, über das Schicksal ihres Sohnes zu sinnieren.

Als ich schon auf dem Weg war, ihr zur Vorbeugung gegen einen neuen melancholischen Schub die Packung Laetit aus dem Bad zu holen, überraschte sie mich mit einer selten bei ihr beobachteten Entschlußkraft. »Ich werde Stefan suchen«, sagte sie, »und zwar sofort.«

Gegen diese Art instinktiven Mutterverhaltens ist kein Ankommen, und ich stimmte schließlich zu, obwohl ich mir hätte ausrechnen können, daß Aufwand und Nutzen in dieser Sache in keiner günstigen Relation standen.

Am folgenden Tag suchte meine Frau unseren Nachbarn, Herrn Kohlberger, auf, dessen Sohn wir in einer der freien Jugendgemeinschaften vermuteten, da wir ihn über zwei Monate nicht mehr zu Gesicht bekommen hatten. Kohlberger, ein arbeitsloser Investmentspezialist, bat uns in sein Wohnzimmer, und während wir einen guten, recht alten naturchemischen Cognac zu uns nahmen, bestätigte er unsere Vermutung. Seinem halbwüchsigen Sohn Heribert ginge es dem Vernehmen nach großartig. Er habe durch recht aufwendige Recherchen herausgefunden, daß Heribert unter führungspädagogischer Aufsicht am Rande einer nahen Provinzstadt ein frohes Leben unter freiem Himmel führe. Daheim sei Heribert in letzter Zeit überdurchschnittlich renitent gewesen und habe ihm, seinem eigenen Vater, bei einem an sich ruhigen Gespräch über den natürlichen Fortschritt der Natur, unvermittelt, in quasi jugendlichem Übermut, ins Gesicht gespuckt.

Ingrid nahm den nächsten Zug in die von Herrn Kohlberger erwähnte Provinzstadt. Am Abend nach ihrer Rückkehr erzählte sie, Stefan habe sie nicht angetroffen, und das sei ein Glück.

Nach längerem Suchen, das man wohl eher als eine Art Umherirren bezeichnen müsse, habe sie in einem zentral gelegenen Café durch Zufall einen alten pensionierten Biologielehrer getroffen. »Die Kinder«, habe er gesagt, »befinden sich nahe des Flusses in einem Freilandgefängnis.«

»Bei dem Wort Gefängnis verließ ich, ohne zu zahlen, das Café. Ich glaube, ich bin nicht einmal mehr dazugekommen, mich bei dem netten Herrn zu bedanken.« Ingrid lachte. Sie schien auf merkwürdige Art befreit. Dann fuhr sie fort: »Sie leben in einer Art großem Hundezwinger, dessen einziger Vorteil darin besteht, daß der betonierte Boden relativ schmutzfrei ist. Hier und da gibt es, ebenfalls aus Beton, einzementierte Sitzgruppen mit Tisch. Angeblich wurde da gegessen, gespielt und diskutiert. Ich konnte nichts dergleichen beobachten, sah überhaupt nur drei oder vier Jugendliche, die mir auch aus der Entfernung einen recht verwilderten Eindruck machten.

Näheres erfuhr ich durch einen Führungspädagogen niederen Ranges, der mich durch die Gitterstäbe des Zwingers freundlich begrüßte. Ein Stefan Wenker, so versicherte er mir, befinde sich nicht in dieser Gemeinschaft. Heribert Kohlberger, der wilde Heribert, wie er scherzhaft sagte, einer, wie er ihn weiter charakterisierte, der Unruhigsten unter den unruhigen und renitenten Jugendlichen, die sich hier aufhielten, sei vor zwei Wochen verstorben oder, wie er einschränkend hinzufügte, in eine andere, etwas strenger gehaltene Gemeinschaft übergewechselt.

»Stefan gehört nicht zu dieser Art Gemeinschaft,« endete Ingrid, »er ist weder unruhig noch renitent, er hat ein ganz anderes Niveau.«

Ich pflichtete ihr bei, und erst viel später erinnerte ich mich der Bißwunde, die er seiner Mutter zugefügt hatte. Ich rief in der Bank an. Ich teilte Herrn Kost mit, ich sei privat unabkömmlich, und das stehe, wie er sicherlich wisse, mir nach Paragraph 213 einmal alle vier Jahre an einem Wochentag zu.

Ich suchte Herrn Direktor Dr. Herrmann auf. Unter

dem Vorwand, man müsse Stefan unbedingt über den Tod seiner Schwester Sybille unterrichten, entlockte ich ihm die offizielle Anschrift des Jungen: Am Siederwäldchen 1–8.

Dr. Herrmann schien mir einen Teil seiner früheren Spannkraft eingebüßt zu haben. Ich bezweifle, daß er autorisiert war, mir Stefans Anschrift zu vermitteln. Müde hockte er hinter seinem Schreibtisch und klagte darüber, daß die Gesamtzahl seiner Schüler sich auf rund zwanzig Prozent dezimiert habe, wobei nur noch die Minderbegabten regelmäßig zum Unterricht erschienen. Ohne Nachfrage informierte er mich darüber, daß man die Gruppe im Siederwäldchen als zoologisch-botanische Elitejugendgemeinschaft bezeichnete. Als er in geradezu weinerlichem Ton zu einer Rede über die angeblich notwendige Reform des Bildungswesens ansetzte, verabschiedete ich mich mit einem Kopfnicken, das er im Zweifelsfall als Zustimmung auffassen mochte.

Das Siederwäldchen war von unserer Wohnung nicht weit entfernt. Wir konnten es zu Fuß erreichen. Ingrid juchzte. Sie hatte sich dem Jungen immer nahe gefühlt.

Wir waren lange nicht spazierengegangen. Auch jetzt konnte man das, was wir taten, nicht so nennen. Dazu drängte Ingrid viel zu energisch voran, und sie wäre wohl die ganze Strecke bis zum Siederwäldchen gelaufen, wenn ich sie nicht immer wieder zurückgehalten hätte.

Mit dem weltweiten Ende des Baumbestandes (ausgenommen die neuen Fichtenplantagen am Amazonas) hatte der klassische deutsche Spaziergang seinen eigentlichen Sinn verloren. Für uns Deutschsprachige gab es beim Spazierengehen im Grunde doch nur ein Ziel, den Wald.

Wir wußten, was uns heute erwartete: ausgedörrte Reststämme von Eichen und Buchen (die Birken waren wohl längst vermodert), und allein die Namen der Bäume kamen uns vor wie Fremdwörter. Der einzige Bewuchs bestand aus Farnen, Pflanzen bis zu sechs, sieben Meter Höhe, wahre Ungetüme, wie überall von hohen Zäunen umschlossen, seit der Farn, aus Mangel an Alternativen, zur führenden Nahrungsmittelsurrogatsubstanz erklärt worden war.

Ingrid ergriff meinen Arm und strahlte mich an. Wir hörten Vogelgezwitscher. Ich bin ein moderner Mensch, bar jeder irrationalen Sentimentalität, aber in diesem Moment konnte ich Ingrids an alte Tage erinnernde Aufwallung durchaus verstehen. Sie juchzte und juchzte ein weiteres Mal. »Ich bin glücklich«, sagte sie, »daß mein Sohn in einer Umgebung lebt, wo die Vögel noch vom Tonband zwitschern!«

Dann standen wir vor dem Absperrzaun. Obwohl es langsam Abend wurde, konnten wir deutlich erkennen, daß mit dem Farn etwas nicht in Ordnung war. Das Grün hatte sich über weite Teile in dunkles Braun verwandelt. Die Pflanzen starben.

Auf der Suche nach dem Eingang entdeckten wir ein Schild in Form eines hölzernen Pfeiles, auf das ganz offiziell die Anschrift der zoologisch-botanischen Elitegemeinschaft geschrieben war: Siederwäldchen 1–8.

Dann standen wir vor einem hohen, doppelflügeligen Eisentor. Es war unverschlossen. Aufmunternd nickte mir Ingrid zu, und ich öffnete. Zwanzig bis dreißig Schritt durch den brauntoten Farn, dann tat sich eine Lichtung auf.

Obwohl ich ihr gleich stützend zu Hilfe kam, brach Ingrid in sich zusammen. Ich mußte sie liegenlassen und sehen, was zu sehen war: die große Lichtung, bewachsen ehemals von Buchen, von ausgedörrten Buchenstämmen, also umgeben die Lichtung, alles im Abendrot, und an den Ästen, den ehemals grünen Ästen, die Kinder, erhängt.

Es ist das erste Mal in meinem Leben, daß die Worte stocken und etwas durcheinandergeraten. Die Erinnerung zeugt davon, wie verwirrt ich damals für (wenn auch nur) kurze Zeit war. Schnell hatte ich zu meiner normalen Haltung zurückgefunden. »Erhebe dich, Ingrid«, sagte ich, »wir müssen der Wirklichkeit begegnen, und vielleicht ist alles gar nicht so schlimm.« Gemeinsam gingen wir die Buchen ab, die Toten. Einige Kinder hatten Tierfelle an, Tiger-, Schaf-, Ziegen- und Löwenfelle, andere waren gänzlich unbekleidet. In ihrem Zellophan spiegelte sich die Abendsonne. Es war windstill. Regungslos hingen die Kinder an ihren Stricken.

Einen Bären konnten wir nicht entdecken.

Wir suchten und sagten kein Wort. Man hörte nur das

Gezwitscher der Vogelstimmen und unsere Schritte. Dann blieben wir stehen. In einer höhlenartigen Kuhle unter verfaulten Buchenwurzeln das Bärenfell. Um den Hals der abgeschnittene Strick. Wir wußten, daß wir nach Sybille nun auch unseren Sohn zu Grabe tragen mußten.

Später brachten wir in Erfahrung, daß der Führungspädagoge, ein Heinrich Krumberg aus Cottbus, den kollektiven Selbstmord nicht verhindert hatte, vielmehr selbst daran teilnahm, als aber sein Strick riß, Hals über Kopf davonlief, nachdem er unseren lieben Bären, der wohl sein Favorit gewesen war, abgeschnitten und in die Höhle gelegt hatte. Am nördlichen Stadtrand wurde der Pädagoge Krumberg nahe des Speichersees gestellt und von einem diensthabenden Polizeibeamten in Notwehr erschossen.

Das waren recht komplizierte Vorgänge damals. Ich machte Ingrid Mut, mit mir gemeinsam nach vorn zu blicken. Durch den Tod des ersten Kindes hatten wir ja eine gewisse Erfahrung in diesen Dingen, und, das durfte man sich doch tröstend vor Augen halten, es waren in den letzten Wochen Millionen gestorben (letztlich ja auch dieser Heinrich Krumberg, dem Ingrid noch lange grollte).

Nichts konnte uns daran hindern, unseren Optimismus, wenn nicht morgen, so doch übermorgen wieder in die Waagschale des Lebens zu werfen.

Ich nahm am Abend, gleich nach unserer Heimkehr,

ein halbes Laetit (es war mein erster und letzter Griff zu diesem Medikament) und fühlte mich recht wohl. Ingrid aber, so stand zu befürchten, würde sich so schnell nicht erholen.

Ich hatte mich getäuscht. Als ich am nächsten Abend gleich nach Bankschluß heimkam, stand sie strahlend in der Haustür, angetan mit dem letzten Sänger-Modell, das sie im Grand Hotel erfolgreich vorgeführt hatte, einem langen Abendkleid mit dem wohlklingenden Namen Princesse de Callas. Kaum hatte ich meinen Staubmantel abgelegt, griff sie mir noch im Hausflur in den Schritt. Ich will es kurz machen: Ingrid litt unter einer schweren, wenn auch weltweit um sich greifenden Störung, die später von der medizinischen Fachwelt als sexistische Melancholie bezeichnet wurde. Ingrids Gehabe war paradigmatisch: es hatte nichts mit normalem Sex zu tun, nein, Ingrid wollte, wohl wissend, wie problematisch trotz Pellagon und der Weiterentwicklung Pellagon S, ein derartiges Unterfangen bei zellophanischem Zustand war, ein Kind.

Nicht das Neugeborene selbst war mein eigentliches Problem (ich war, trotz einigen wissenschaftlichen Streites sicher, daß unter der Prämisse genetischer Evolution die kleinen Menschen haar- und hautlos zur Welt kommen würden), vielmehr stellte ich mir die wohl berechtigte Frage, ob beim Stand der Pellagonforschung eine zellophanhäutige Frau ihr Kind überhaupt austragen konnte und wenn ja, unter welchen Bedingungen. Es gab darüber, mangels Erfahrung, keine definitiven Auskünfte seitens der Wissenschaft, obwohl die Familienberatungsstellen dringend zurieten und auch von Staats wegen inzwischen geradezu astronomisch hohe Prämien für erfolgreich abgeschlossene Schwangerschaften garantiert wurden. Ich lehnte das ab. Ich war ein freier Mensch. Nach der Beerdigung Stefans (die zoologisch-botanische Elitegemeinschaft wurde kollektiv beigesetzt) sagte ich zu Ingrid: »Ficke, mit wem du willst, was aber mich betrifft, so halte ich das unter den von dir erdachten Bedingungen für verantwortungslos, ja unmoralisch.« Sie war ganz munter, man sollte es nicht glauben, und sagte: »Herr Schlier ist bereits verständigt.«

Zwei Tage später hatten wir gemeinsam mit Ingrids Hausfreund eine recht interessante Diskussion über moderne Zeugungsmotivation. Ingrid sagte: »Ich bin sicher, daß selbst Frauen wie Beate Nötger den Kinderwunsch hegen. In der heutigen Zeit hat die Frau an sich ein gesteigertes natürliches Begehren nach der Leibesfrucht.« Herr Schlier pflichtete dem bei, nicht ohne die satte Staatsprämie für Neugeborene zu erwähnen. »Die teilen wir uns dann«, fügte er hinzu.

Den Gedanken an ein Kindbegehren Beates schloß ich komplett aus, verwies in diesem Zusammenhang dann doch auch auf die hautlose Ungestalt der Babies und verstärkte diese Argumentation durch die Frage, ob es dem Pellagonhersteller überhaupt gelingen würde, ein babyverträgliches Präparat herzustellen.

Ingrid wurde schrill und verkündete mit erhobener Stimme: »Ihr Männer denkt beim Zeugungsakt ja immer nur an eure kleine Explosion.«

Der Moderator Schlier fand ein diplomatisches Ende, indem er vermittelnd sagte: »Es wird gefickt, und dann sehen wir weiter.«

32

Novembermitte, Anfang Dezember, das war die Zeit der schönen Ruhe. Die Befreiung von der Haut implizierte, zumindest während jener Tage, ein äußerst angenehmes Schwinden jeglicher Aggressivität. Es war, als ob die Sorge um die physische Verletzbarkeit sich tief in die Seelen gelegt hätte. Die Menschen strahlten einen Frieden aus.

Allenthalben unterhielt man sich in gedämpftem Ton. Streitigkeiten, so sie auftraten, wurden mit Güte und Nachsicht ausgetragen.

In den Straßen und auf den Plätzen konnte man gelegentlich hören, was man lange nicht gehört hatte: ein Mensch sang, nicht selten begleitet von einem besinnlichen Lächeln, ein kleines Lied, ganz für sich.

Dies war das Klima, die Atmosphäre für einen entscheidenden Fortschritt. Es begab sich am vorletzten

Donnerstag des Monats November, da ich um die Mittagsstunde durch das geöffnete Fenster meines Direktionsbüros schaute, daß ich die ersten Menschen in aller Öffentlichkeit baren Gesichtes sah.

Irgendein Unbekannter mußte den Anfang gemacht haben, die Plastikhaut einfach vom Gesicht gezogen und entsorgt haben. Durch mein Fenster konnte ich beobachten, wie, durch gute Beispiele ermuntert, immer mehr Menschen auf die widernatürliche Gesichtshaut verzichteten. Selbst mitten auf dem Platz vor unserem Institut befreiten sich Fußgänger spontan von dem althautähnlichen Plastiksurrogat.

Und ich tat desgleichen. Ich trat vor den kleinen Toilettenspiegel des Direktionswaschbeckens und stülpte vom unteren Halsbereich aufwärts das Plastikprodukt von meinem Gesicht.

Zum ersten Mal seit Monaten schaute ich mich längere Zeit im Spiegel an. Ich wurde mir auf schöne Weise bewußt, endlich erfaßt zu haben, was das ist, des Menschen Antlitz, ungeschützt und unverfälscht.

Als ich mein Zimmer verließ, um mich dergestalt meiner Belegschaft vorzustellen, erlebte ich eine Überraschung. Sämtliche Angestellte, inklusive Herr Kost, hatten die Ersatzhaut bereits entfernt. Beate lächelte mir zu und sagte: »Herr Direktor, ich muß Sie wegen einer Kleinkreditfrage in Ihrem Büro sprechen.«

Wir schlossen die Tür des Direktionszimmers, blieben eine Weile voreinander stehen und blickten uns an. Wir wußten: ab heute erkannten sich die Menschen in neuer Schönheit.

Beates Antlitz war durchwebt von einem süßen, leicht pulsierenden Geäder, und das Lächeln auf ihren fleischigen Lippen kündete von einem neuen Abschnitt in der menschlichen Geschichte.

Es gibt Situationen, die alle Dienstvorschriften außer Kraft setzen. Unsere Liebe geschah mit einer nie gekannten überlegenen Ruhe. Von Beates Antlitz ging mein Blick abwärts. Nach (der inzwischen verstorbenen) Brigitte hatte sie das schönste Herz, dessen ich je ansichtig geworden bin, objektiv gesehen wohl auch deshalb, weil es gänzlich mir gehörte, mit seinem kraftvollen Schlag. Und in stiller Freude weiter abwärts blickend bot sich mir das Beckeninnere dar als ein harmonisches Ensemble kostbarer Interiorien. Die Konzentration auf die Schönheit des Inneren, die innere Schönheit, raubte mir fast den Verstand.

Nachdem wir endlich auch die Kleinkreditangelegenheit erledigt hatten, ging Beate beschwingt aus meinem Zimmer.

33

Mit Würde und nicht ohne Stolz präsentierte der Mensch seine hautfreie Gestalt. Ermuntert durch die konstanten hochsommerlichen Temperaturen erinnerten sich viele Damen einer recht reizvollen alten Mode und gingen oben ohne.

In kurzer Zeit hatte sich ein Schönheitsideal herausgebildet, das die Althaut als etwas, wenn nicht Ekliges, so zumindest ganz Uninteressantes in Erinnerung hielt.

Es war die Struktur des Blutgeäders, waren die oft überraschenden und keineswegs gleichgearteten Durchblicke auf die inneren Organe und vor allem der sichtbar pochende Herzmuskel, die jeder einzelnen Person ihre eigene charakteristische Schönheit verliehen. Von der Hautfreiheit an sich ging eine natürliche Faszination aus, die, für kurze Zeit zumindest, die Unterschiede zwischen schön und häßlich vergessen ließen. Das Neue triumphierte als das Schöne schlechthin.

Es scheint mir ein Zeichen der dem Menschen eigenen optimistischen Grundhaltung, daß die ästhetischen Kriterien negativer Art sich in einer neuen Situation langsamer entwickeln als die Kriterien für das Schöne.

Ich ging, es war das erste Mal seit vierunddreißig Jahren, mit Beate, Ingrid und Herrn Schlier in die Oper. Zeitungsberichte hatten uns angelockt. Während der

kurzzeitigen Bekleidungskrise stellten etliche Schauspiel-
häuser und Opernbühnen den Betrieb vorübergehend
ein, vor allem weil die während der Aufführungen unver-
meidbaren feuchten Körperausdünstungen der Künstler
notgedrungen zu Verklebungen mit den Altstoffen führten, die in einigen Fällen letal endeten.

Der spanische Tenor Alfredo Daluzo fand damals als
erster Prominenter den Tod auf der Bühne. Er bot, wie
böse Menschen sagten, quasi als Zugabe dem Publikum
ein abstoßendes Beispiel für den bekannten Sängerfana-
tismus. Als er, bereits schwer nässend, die Arie des Fer-
rando »Ach ich sehe« (Cosi fan tutte) anstimmte und bis
zum bitteren Ende heldenhaft, wie er wohl annahm,
durchstand, gab er nicht nur ein weiteres Beispiel für die
sprichwörtliche Dummheit seines Fachs, sondern be-
nahm sich dabei höchst erbärmlich, weil die Suppe, wie
man die körpereigene Flüssigkeit auch scherzhaft nannte, ihm schon nach den ersten Takten aus dem Hemd
quoll und schließlich aus den Hosenbeinen lief, bis er
endlich, mit den letzten kraftlosen Tönen zu »verurteilt
mich zum Tode« dem Wortlaut der Arie die Ehre gab
und tot umfiel.

Die hiesige Oper konnte die Einstellung des Spielbe-
triebs umgehen, da sie auf ein ästhetisches Mittel um-
stellte, das erst Empörung, dann aber allgemeine Zustimmung und Applaus auslöste. Man spielte unbekleidet.

Inzwischen hat sich daraus ein gewisser Stil entwickelt,

der auch nach der Erfindung der zellophanverträglichen Textilien beibehalten, ja imitiert wurde. Das Haus ist täglich ausverkauft, nicht zuletzt wegen der klugen Preisnachlässe dank Einsparung in der Kostümsparte.

Herr Schlier hatte die Eintrittskarten besorgt, obwohl er an sich für den Operngenuß nicht geeignet ist. Mozarts »Don Giovanni«, Elvira Konstanz als Donna Anna und der Don Giovanni von Lamberto Deho. Kaum hatte Leporello (Walter Kern) mit seinem »Tag und Nacht sich abrackern« die Introduktion intoniert, ließ dieser Schlier sein dummes Lachen vernehmen, das er erst im Verlauf der zweiten Szene (Garten, Nacht) einstellte. Es waren wohl weder die mißfälligen Zischlaute seiner Sitznachbarn, noch Ingrids geflüstertes Flehen, sich endlich dem Ernst der Situation gemäß zu verhalten, als vielmehr die Blöße der Sängerdarsteller, die in ihrer natürlichen Schönheit den Banausen endlich verstummen ließen. Beim ersten Chor, als die Bauern und Bäuerinnen das Lied von den »verliebten Mädchen« sangen, wurde er ganz still, kehrte gleichsam in sich, und ich sah, was mich hinwiederum fast zum Lachen gebracht hätte, Tränenflüssigkeit in seinen Augen.

Alles in allem war es ein zwar etwas langer, aber doch zugleich tiefer und ergreifender Abend. Da bot sich der Mensch in seiner ganzen körperlichen Wahrheit, haut- und haarfrei, im Zenit seiner evolutionären Entwicklung, dem Zuschauer als das eigentliche Kunstwerk dar, nackend, im Zauber der Musik vergangener Zeiten.

Als im letzten Rondo Donna Anna ihr »Sag mir nicht, mein Liebster« sang, da schwollen nicht nur die Adern in ihrer herrlich durchbluteten Brust, vielmehr hob sich bei den Schlußworten »eines Tages Mitleid auch mit mir« das Innere ihres Unterbauchs auf eine Weise, die in mir, wie wohl bei vielen Zuschauern, eine direkte körperliche Reaktion bewirkte. Das war neu, war beglückend: mein Herz, und jeder, der es je erlebt hat, weiß, wovon ich spreche, hüpfte vor Entzücken.

Das waren mit nichts Früherem vergleichbare Tage schönsten Erlebens. Nach der Aufführung waren wir in der rechten Stimmung, in unserem Hause zur Musik einer sehr alten Solti-Aufnahme des soeben im Original vernommenen Opernwerkes ein angemessen erlesenes sexuelles Viererleben zu gestalten.

Wir trugen, wie Beate scherzhaft vermerkte, die Kostüme der Sänger, und Herr Schlier sang im Duett »Erhoben ist die Statue« laut die Stimme des Don Giovanni mit, wobei er zum alten poetischen Text seinen geschwungenen Schweif, da ich den meinen bereits in Beates natürliche Öffnung eingeführt hatte, in den von der Natur dazu eigentlich nicht vorgesehenen Darm verbrachte, dergestalt, daß die zwiefach Aufgespießte noch Muße fand, unsere liebe Ingrid nach allen Regeln der bulgarischen Spezialtechnik zu lecken. Auf diese sexualkünstlerische Weise produzierten wir ein dem Ende der Oper durchaus adäquates Finale, wobei Herr Schlier, nachdem Don Giovanni »vom Erdboden verschluckt«

war, den Gesang nicht einstellte, sondern flugs die Rolle des Leporello übernahm.

Ein solch gelungener Abschluß des unverhofft schönen Opernabends war allein durch die segensreiche Invention von Pellagon S2 wieder möglich geworden.

34

Ende November rückte die Ernährungsfrage immer mehr ins Zentrum des allgemeinen Interesses. Mir war seit geraumer Zeit aufgefallen, daß in den regelmäßgen offiziellen Verlautbarungen über den Stand der Surrogatindustrie der Lebensmittelbereich immer häufiger ausgespart wurde. Nun lag der Schwerpunkt vorübergehend natürlicherweise auf den Produktionsziffern der inzwischen sich als nutzlos erwiesenen Hautsurrogate. Dennoch wurde schon in den ersten Novemberwochen mein Augenmerk auf die mangelhafte Nachrichtenlage bezüglich der Lebensmittelindustrie gelenkt, als zwei Bankkunden, die den Großteil ihres Kapitals in Farnsekretaktien angelegt hatten, Unruhe bekundeten und insgesamt siebzehn Millionen in die Textilbranche verlagerten.

Das letztverbliebene Surrogatelement aus der reinen Natur, der Farn, war weltweit im Absterben begriffen, und die jungen Fichten im ehemaligen Regenwaldgebiet des Amazonas waren noch nicht so weit, bei einer biologisch verantwortbaren Surrogatproduktion Verwendung zu finden.

Die deutschsprachige Bevölkerung zeigte erste Unruhe, als die wirklich recht schmackhafte Frikadelle nicht mehr lieferbar war. Im Französischen mangelte es an Frühstückscroissants, und die Italiener beklagten eine Unterversorgung auf dem Spaghettisektor. Da alle diese Speisen, unter Zusatz von Farb- und Aromastoffen aus Farn und Farnsekret hergestellt waren, ließ sich das Problem nicht länger vertuschen. Es drohte Hunger.

Am 22. November sprach der Kanzler beruhigende Worte. Man hatte die Sache im Griff. Bis zur Vollreife der Fichten und zeitlich weit darüber hinaus konnten die absterbenden, auch die teils schon verfaulten Farnbestände in einem Häckselverfahren nach Weiss/Wendlandt derart zubereitet werden, daß eine schmackhafte Welternährung gewährleistet war.

Der vorübergehende Engpaß ergab sich aus der anfangs schleppenden Produktion neuartiger Häckselmaschinen (eine spezielle Metallegierung der Häckselmesser zur biologisch bedenkenfreien Erhaltung des Restsekrets, so sagte der Kanzler, hatte die serielle Produktion über Gebühr verzögert) und war nur vorübergehender Natur.

Anschließend bestätigte der Kanzler den großen wirtschaftlichen Aufschwung dank innovativer Produktselektion und sparte am Ende jenes Thema nicht aus, das die

Medien seit Tagen im Zentrum der Berichterstattung hielten: auch er zeigte sich empört über die Menschenrechtsverletzungen im Sudan, wo drei unbescholtene Vertreter europäischer Wirtschaftskonzerne seit fünf Wochen ohne Angabe von Gründen inhaftiert waren. Er gab den betroffenen Familien sein persönliches Wort, alles in seiner Macht Stehende zu tun, um den Menschenrechten auch in den letzten Winkeln unserer Erde Geltung zu verschaffen.

Der Kanzler sprach selbstredend ohne entstellende Hautmaske. Sein Antlitz war beeindruckend.

Am letzten Wochenende des November standen wir im Großmarkt vor einer leeren Gemüsetheke. Ich hatte Ingrid begleitet, um ihr im Ernstfall bei möglichen körperlichen Auseinandersetzungen in der Lebensmittelabteilung (man sprach schon Mitte der Woche von Verletzten) zur Seite zu stehen.

Wir vertrauten den Kanzlerworten über den Fortbestand der Lebensmittelversorgung, gingen recht gelassen nach Hause und entschlossen uns zu einem Restaurantbesuch.

Das Lebensmittelsurrogatsystem hatte bislang glänzend funktioniert, und man konnte, selbst nach dem Ende der Soja- und Graupenvorräte, alles, aber wirklich alles kaufen, was der Magen begehrte.

Der Grund für die geradezu luxuriöse Rundumversorgung verbarg sich in dem einfachen Umstand, daß alles,

Kartoffel oder Gänsebrust, Hechtfilet oder Chinanudel aus ein und derselben natürlichen Grundsubstanz bestand, dem Farn. Die besten, biologisch unbedenklichen Farb- und Geschmacksadditive gaben jedem Lebensmittel, ob sozusagen frisch, tiefgefroren oder in der Form des tiefgefrorenen Fertiggerichts, seinen spezifischen Eigengeschmack, sein typisches Flair. Preisunterschiede ergaben sich lediglich durch die Konsistenz der Ware. Im Laden um die Ecke war der Camembert etwas körnig, die zahlreichen Delikatessgeschäfte im Zentrum dagegen führten Camemberts unterschiedlich simulierter Reifegrade, die der raffinierteste Feinschmecker nicht vom französischen Rohmilchprodukt vergangener Tage hätte unterscheiden können.

Der eigentliche Fortschritt in diesem Bereich lag jedoch in der weltumgreifenden Internationalisierung der Eßwaren. Die beiden großen Konzerne vertrieben die deutsche Frikadelle auch in Alaska, den norwegischen Stör auf Sumatra, indisches Curryhuhn am Rhein und die Nordseekrabbe in Mombasa, kurz: alles war überall in gleichbleibender Qualität auf dem Markt.

Die Tatsache, daß wir das Restaurant mangels heimischer Vorräte aufsuchten, konnte den Glanz dieses Abends nicht mindern. Ingrid trug ihr Princesse-de-Callas-Kleid, und wir hatten einen Tisch bei Dipo Georgian bestellt, dem nobelsten Restaurant am Platze, nicht etwa weil das unbedingt unser Stil war, sondern weil fast alle anderen Lokale vorübergehend geschlossen hatten.

Der Solozweiertisch stand am Fenster. Der Raum war in warmes Kerzenlicht getaucht. Als der Oberkellner zur Bestellung kam und in schicklichem Abstand wartete, bis wir die ausführliche Karte studiert hatten, erinnerte ich mich, daß ich beim Durchschreiten der vollbesetzten Tischreihen stets das gleiche Gericht auf den Tellern gesehen hatte und nur auf einer, fast schon abgegessenen Platte eine andere, zweite Speise.

Ich schaute schließlich von der Karte auf, und ehe ich meine Bestellung äußern konnte, sagte der Oberkellner: »Wir haben heute, aus besonderem Anlaß, wenn Sie gestatten, nur ein einziges gleichförmiges Gericht, das sich jedoch geschmacklich variieren läßt. Es handelt sich dabei der Form und Konsistenz nach um überbackenen Schafskäse, den wir allerdings durch Variation der in unserem Haus möglichen Aromainjektionen heute auch als Gänsekeule, Hirschschnitzel Verdi und Braunschweiger Rinderschmorbraten anbieten können.«

Ingrid lächelte. Wir hatten verstanden, und die Gattin bestellte Gänsekeule.

Dann beugte sich der Oberkellner etwas vor und sagte mit gedämpfter Stimme: »Ich kann ihnen außerdem einen der altberühmten Sauerbraten bestellen, der sich allerdings, und ich bin angehalten, in diesem Fall den Preis zu nennen, durch die geringe Importquote auf dreitausendsechshundertfünfzig beläuft, während wir die Gänsekeule in dieser besonderen Form zu siebenundzwanzigneunzig anbieten.« Also einmal Gänsekeule, einmal Sauerbraten und dazu das Bordeauximitat des Hauses.

Es schmeckte köstlich. Hin und wieder blickte Ingrid, so als hätte sie in alter Manier die Augen geschlossen, ins Irgendwo und sagte: »Es ist, als ob ich das Tier vor mir sähe. Der Geschmack ist so intensiv, daß in meiner Phantasie die Weihnachtsgans, ausgenommen, federlos und mit schöner krosser Haut durch die Pusztalandschaft fliegt.«

Mein Sauerbraten schlug alles, was ich bisher in dieser Richtung zu mir genommen hatte, inklusive Dattlers Kernfleisch. Er war von kräftigem Biß, und die vollmundige Säure war durchdrungen von einer Süße, die, Schluck um Schluck kombiniert mit dem zwölfeinhalbprozentigen Bordeaux, sich auf das wohligste im Körper ausbreitete, ja gleichermaßen in ihn einging.

Wenige Tage nach der Ansprache des Kanzlers gab es eine regelrechte Nahrungsmittelschwemme. Die Farnhäcksler hatten augenscheinlich funktioniert, und die neue Ware gab höchstens dem kritischen Feinschmecker Anlaß, die zur Altkost leicht differierende Konsistenz zu bemängeln.

Für die Neuversorgung war es höchste Zeit geworden! Nicht, daß ich an der Geduld meiner Mitbürger gezweifelt hätte, aber die Menschen hatten schlicht und einfach Hunger!

Das Fernsehen zeigte (einmal nur, und das in den Spät-

nachrichten) nach unserer Heimkehr vom »Georgian«
Bilder aus Neuseeland und dem amerikanischen Ohio,
die an Kannibalismus erinnerten: Menschen aßen tote,
bzw. gerade getötete Artgenossen, und zwar auf recht alltägliche, ja zivilisierte Weise. Sachkundige Metzgermeister
lösten die Kernstücke aus, die, sorgfältig gewürzt, auf einen Grill gelegt oder als Schmorbraten zubereitet wurden.

Man behauptete zwar, die Nachrichtenredaktion habe
in einer Art Übereifer eine Spielfilmszene abgeklammert
(»Friedliche Tage«, einer der ersten Streifen mit den neu-
en hautfreien Stars), und ein Jungredakteur, der zugegebenermaßen etwas verhungert dreinschauende Dominik
Wesenberg, kam wegen der angeblichen Mißinformation
gar vor Gericht (Freispruch wegen unübersichtlicher Be-
weislage). Der diensthabende stellvertretende Chefredak-
teur behauptete jedoch felsenfest, es handle sich um do-
kumentarisches Material, das aus zwei unterschiedlichen
Weltgegenden über verschiedene Satelliten dem Sender
zugespielt worden wäre. Man war dabei, diesen Herrn in
die Bezirkspsychiatrie einzuweisen, als er dem richterli-
chen Fürsorgebeschluß zuvorkam und sich freiwillig ins
Irrenhaus begab. Die Bilder waren nur ein einziges Mal
gesendet worden, dennoch blieb mir das Ganze lange im
Gedächtnis, auch wenn es durch die neue Lebensmittelschwemme quasi überlagert wurde.

Das »Georgian« übrigens wurde einen Tag geschlossen,
zu Säuberungsarbeiten, wie es offiziell hieß. Ich hatte
aber durch einen Kunden erfahren können, daß die Hy-

gienepolizei nach Untersuchung des Sauerbratenfleischs die eintägige Schließung verfügt hatte. Die Hygienebeamten waren sich sicher, daß in diesem Nobelrestaurant gar kein Alttierfleisch mehr vorhanden sein konnte.

Mir jedenfalls war der Sauerbraten, trotz der etwas eigenartigen Süße, ein Hochgenuß.

Anfang Dezember begann das Weihnachtstreiben. Allüberall in den Straßen kleine Buden und Kerzenlicht, Lamettaverkäufer, besinnliche Musik aus den versilberten Lautsprechern und die vielen, zum Teil spärlich bekleideten Engel, die einem das festlich gestaltete Werbematerial der Kaufhäuser in die Hand drückten.

Diese herrliche Stimmung wurde gestützt, ja getragen von einer absoluten Neuerung im Ernährungswesen. In der ganzen Stadt machten Buden auf, in denen köstlicher Speck in kleinen krossen Scheiben verkauft wurde. Auf den meisten Buden stand in einer etwas altertümlichen Schrift der Name Dattler. Ich traf den Eigentümer dann persönlich in der Blumenstraße. Er scheute sich nicht, selbst mit anzufassen, wenn es gegen gutes Geld (eine Portion zu siebenfünfzig) darum ging, der Bevölkerung eine vorweihnachtliche Freude zu machen.

Die Dattlerkette hatte von allen Speckbudengeschäften die meisten Varianten: Speckwürfel mit Paprika oder Ketchup, Speckstreifen nach thailändischer Kokosart und die cubanische Scheibe mit je einem Spritzer Rumaroma. Dattler strahlte: »Es geht mir weniger ums Geld,

Herr Bankdirektor«, sagte der gute Mann, der mir so viele schöne Stunden mit seinem Kernfleisch verschafft hatte, »werfen Sie einen Blick in die strahlenden Augen meiner Kunden!«

Die Bevölkerung lebte nachgerade auf. Dattler spürte wohl mein Interesse und lud mich ein, seine Kühlhäuser draußen im Moosfeld zu besichtigen. Es waren deren drei in der Architektur sehr gelungene, der Landschaft organisch angepaßte, ich möchte sagen, Kühlpaläste. Ich tat einen Gang ins Innere: weite, hellbeleuchtete Hygieneräume, ausgestattet unter Beachtung der jüngsten Kühlsanitärvorschriften.

Dattler hatte seinen Speck in der ganzen Welt gesammelt. Das reichte für Monate! Er zeigte mir eine Lage mundgerecht zugeschnittener Scheiben im frisch aufgetauten Zustand. Es war Menschenhaut, unsere gute alte Menschenhaut.

Ich machte wohl Anstalten, mich zu übergeben, konnte dem aber im gleichen Moment, als mir die Kotze schon hochzukommen drohte, Einhalt gebieten, indem ich mich zu ein paar klaren Gedanken zwang: das war nicht mehr, wie man früher gesagt hätte, unsere, die zu uns gehörende Haut. Die Evolution hatte das hinter sich gelassen, und nur Gedanke und Phantasie hinkten gleichsam der Natur hinterher. Diese zugeschnittenen Scheiben waren irgend etwas Schmackhaftes, das man, nicht ganz zu Unrecht, Speck nannte und dessen Verkauf, wie Dattler mir nicht ohne Stolz durch ein Schreiben des Innenministers an ihn, Dattler persönlich, bewies, regierungsseitig offiziell unterstützt wurde.

Ich muß gestehen, daß ich, vielleicht aus einer mir eigenen Übersensibilität, einen ganzen Tag lang auf den Speckgenuß verzichtete. Dann konnte und wollte ich nicht länger widerstehen und kaufte auf dem Platz vor der Bank drei Portionen in der Paprikaversion, die mir besonders zusagte, vor allem, weil auch Beate so gern davon naschte, wenn wir uns am Abend in ihrer bulgarischen Wohnung aneinanderkuschelten, nachdem wir unsere sexuellen Verrichtungen mit viel Freude hinter uns gebracht hatten.

35

Es war nicht zuletzt Dattlers Schuld. Von einem Tag zum anderen verschwanden seine Speckbuden aus dem Straßenbild, und im allgemein fröhlichen Weihnachtstreiben fehlte dem Menschen plötzlich, was ihm die einstigen Echtmehlprinten und den altmütterlichen Spekulatius ersetzt hatte: der kleine Leckerbissen, der jene Zeit der kindlichen Vorfreude auf das Fest für Groß und Klein zu etwas Besonderem machte.

Dattler war der Versuchung geradezu ungeheurer finanzieller Angebote erlegen, die ihn aus aller Welt überschwemmt hatten. Er verkaufte an einem einzigen Tag den gesamten Speckbestand.

Sein Konto verzeichnete einen neunstelligen Zuwachs. Auf der Basis profitwirtschaftlicher Nachfragegesetze erfüllte sich für ihn ein ökonomischer Weihnachtstraum.

Als er aber wenige Tage nach seinen Transaktionen mein Direktionszimmer betrat, erschien er mir wie Napoleon auf dem Gemälde, das ihn nach der Eroberung von Moskau zeigt: ein Sieger, schwer geschlagen nach einem kapitalen Eigenfehler. Dattler hatte es verabsäumt, wenigstens für sich, seine nächsten Anverwandten und Freunde ein paar Lagen Speck zurückzulegen.

Die Dattlerschen Buden waren noch nicht ganz abgebaut, da ging eine Art Virus durch die Bevölkerung, der sich blitzartig von einem auf den anderen übertrug, geboren wohl aus der urmenschlichen Versorgungsangst der alten Jäger und Sammler, die in diesen unseren fortgeschrittenen Zeiten uns mit einer geradezu befehlsartigen inneren Stimme nicht nur zum Sammeln, sondern gleichsam auch zum Jagen aufrief. Es gab ungezählte Tote weltweit, und selbst in unserer Stadt mußten, nur erklärbar durch die leichte Versehrbarkeit des Zellophans, nach einem einzigen Tag achtzehntausend Menschen betrauert und entsorgt werden.

Sämtliche Geschäfte, Supermärkte, Großmarkthallen, Lebensmittelkühlhäuser, alles was Nahrung barg, wurde von der Bevölkerung gestürmt und geplündert. Und obwohl dieser Vorgang nur drei Tage nach der, wie man es wohl etwas zu euphorisch genannt hatte, Lebensmittelschwemme eintrat, war am Tag danach für alles Geld der Welt auf offiziellem Wege nichts Eßbares mehr zu erwerben.

Das Ganze war ausgegangen von einem Budenabriß in der Blumenstraße an jenem denkwürdigen 7. Dezember. Ein Fernsehteam, das die erst enttäuschte, dann mehr und mehr erregte Menge filmte, die sich um den Abrißort versammelt hatte, wirkte, wie es bei dieser Art Journalismus nun mal üblich ist, leicht provozierend.

Der das Team leitende Redakteur, ein gewisser Thomas Jehring, scheute sich nicht, zur Qualitätssteigerung seiner Reportage die Menge durch aggressive Parolen aufzuputschen, die alle in die gleiche Richtung zielten und nicht nur die Enttäuschung über den unvermuteten Entzug der Leckereien verbalisierten, sondern von Hunger, Not, Rache und einer nahrungslosen Weihnachtszeit kündeten. Sein abschließender Ruf »Stürmt die Läden« wurde vielkehlig erwidert, gefilmt, und zwei Minuten später klirrten die ersten Scheiben im Gemüsegeschäft »Brunners Tante«, Blumenstraße 7. Das war um neun Uhr.

Um Zehnuhrdreißig ging die Reportage bereits über den Sender, und dieser Thomas Jehring durfte sich rühmen, mit seinem Elaborat die höchsten vormittäglichen Welteinschaltquoten des Monats erreicht zu haben.

Bereits gegen Mittag, eine halbe Stunde vor der Zwölfuhrpause, erreichte das Fieber, das der besagte Virus inzwischen ausgelöst hatte, auch meine Bank. Gerade hatten wir noch im staatlichen Fernsehen beruhigende Worte des Kanzlers persönlich vernommen (»die Vorräte in der aktuellen Größenordnung reichen siebeneinhalb Jahre, die Lagerprobleme sind endlich gelöst«, etc.), da machten wir uns auf, Beate und Kost voneweg, jeder zwei, drei dieser recht großen Säcke in der Hand, in denen gewöhnlich das Papiergeld transportiert wird. Auch ich schnappte mir einen Sack. Er war noch halb gefüllt. Die restlichen Hunderterscheine leerte ich, die Zeit drängte, auf den weißen Marmorboden.

Dann zogen wir los, ein starker Sechsertrupp, voneweg der Jungkassierer Jerry Hausmann, vorsorglich bewaffnet mit seiner Dienstpistole Marke Alex&Sax.

Indem ich das der Wahrheit gemäß schildere, gestehe ich gleichzeitig, den Worten des Kanzlers zum erstenmal weder Vertrauen geschenkt noch Folge geleistet zu haben.

Vielleicht habe ich Fehl getan, aber in der Mitte des Lebens kommen dem Menschen, erwiesenermaßen vor allem dem Manne, hier und da Zweifel hinsichtlich dessen, was höheren Orts verkündet und versprochen wird. Ich entsinne mich eines kleinen inneren Kampfes vor dem Entleeren des Geldsacks. »Weiß der Kanzler es nicht besser?« fragte ich mich. »Wie würde er persönlich mein Tun beurteilen?« Dann aber klärte sich in meinem Inneren die Lage: der demokratischen Mehrheit der Bevölkerung wollte und konnte ich mich nicht widersetzen, und gerade unsereins darf nicht immer davon ausgehen, etwas, wie man so sagt, Besonderes zu sein, zumal wenn das demokratisch-mehrheitliche Handeln von persönlichem Nutzen ist.

Später wurde berichtet, daß auch eine dem Kanzler nahestehende Person, sein Fahrer Otto Pütz, beim Gemüseklau im Helikaufhaus gesichtet wurde. Durch den unglücklichen Fausthieb eines Mitbürgers war Herr Pütz verstorben und durch eine kurze Pressenotiz quasi posthum entlarvt worden.

Die Bank wurde an diesem Tag nicht wieder geöffnet. Die Details unserer gemeinsamen Beschaffungsaktion möchte ich mir ersparen.

Nur zu Beginn hatten wir einige Schwierigkeiten im »Heinrich Schultes Lebensmittelpark«. Als Beate durch das zertrümmerte Schaufenster vorausschritt und, ungeschützt vom nachfolgenden Resttrupp, an die Geflügelkühltruhe eilte, wurde sie von zwei Männern zurückgedrängt und, man darf annehmen mehr versehentlich als mit böser Absicht, niedergeschlagen. Während wir hinzukamen, richtete sie sich schon wieder auf. Dankbar nahm sie mein kleines Taschenmesser an, mit dem ich gewöhnlich mein Apfelsurrogat nach der Mittagspause schälte.

Ich konnte nur einmal beobachten, wie sie in ihrer weiblichen Schutzlosigkeit davon Gebrauch machte und einen jungen Burschen niederstreckte, der im Begriff war, ihr eine Packung Schwarzwälder Forellen aus der

Hand zu reißen. Später erzählte sie mir allerdings, daß mindestens drei weitere Konkurrenten dank meines Apfelmessers durch einen gezielten Stich ins Zellophan wettbewerbsunfähig gemacht wurden.

Unsere Versorgunslage war fürs Erste gesichert. Ingrid zählte am Abend siebenunddreißig Packungen Blattspinatsurrogat, zweiundzwanzig Königspizzen und siebzehn Hackbraten Destouches (mit Pilzsauce), wobei, wegen der voraussichtlich längeren Lagerdauer, das Tiefgefrorene zweifellos von Vorteil war.

36

Dann kam der Schnee. Wir hatten uns an vieles Überraschende gewöhnt in letzter Zeit, und so nahmen wir auch die neue Farbe als naturgegeben hin, zumal sich durch unterschiedliche Grautöne im altgewohnten Weiß schon bei den Schneefällen der letzten Jahre ein gewisser natürlicher Wandel der Farbe angekündigt hatte.

Trotz der hochsommerlichen Schönwettertemperaturen blieb uns die schwarze Decke wohl noch eine gute Weile erhalten. Nach gleichlautenden Auskünften verschiedener Meteorologiestationen lag der Schmelzpunkt bei 38 Grad Celsius.

Den Kindern war das gerade recht. Mit ihren Schlitten tummelten sie sich am Wöllner Bergerl, wo sich Ingrid und mir beim Sonntagsspaziergang das kindliche Treiben in all seiner Fröhlichkeit darbot. Endlich lohnte es sich wieder, durch die freie Natur zu streifen. Wie einstmals rieselte leise der Schnee, die ausgedörrten Äste der alten Naturtannen wippten unter der winterlichen Last und all überall war alles bedeckt von lackigem Schwarz. Es war, als sei die Welt zur Ruhe gekommen.

»Jetzt wird alles gut«, hatte Ingrid in der Früh gesagt. Ich blieb heute daheim. Seit drei Jahren hatte ich zum ersten Mal einen durchgehenden Urlaub von vier Wochen genommen (dem Direktor stehen drei Werktage mehr zu als einem Kassierer).

Wir frühstückten nett zusammen (für eine Packung Blattspinat bekamen wir vom Nachbarn Strohberger ein Siebenkorngesundheitsbrot), dann wurden die Urlaubspläne geschmiedet: weitere gemeinsame Naturspaziergänge in der zweiten Urlaubshälfte, davor meine Reise mit Beate zu ihrer Mutter, Prinzessin Angelika.

Die alte Dame hatte einige Briefe aus dem Internierungslager nahe Toulouse geschrieben, in denen sie von einem durchaus glückhaften Leben in einem alten Schloß erzählte, wo jener kleine Rest Menschen kaserniert war, der noch unter Vollbehaarung litt und dem die Hautablösung nicht zuteil geworden war.

Beate holte mich nach dem Frühstück ab. Als sie durchs Vorgartentor kam, folgte ihr, als ob wir uns miteinander abgesprochen hätten, Herr Schlier. »Ich hole Ingrid ab zum Schlittenfahren«, sagte der Fernsehmoderator gutgelaunt.

Wir verabschiedeten uns unter geradezu ausgelassenem Lachen, und ich nahm mit Beate ein Taxi zum Hauptbahnhof.

Die Zugreise war angenehm. Wir hatten ein Abteil für uns. Bis weit hinter Paris verplauderten wir die Zeit, und Beate wurde zunehmend guter Dinge. In dieser Gegend war noch kein Schnee gefallen. Die Restbäume standen in ihrer majestätischen Dürre, und die trockenen Äcker warteten quasi noch auf das große schwarze Tuch.

Das Internierungsschloß lag außerhalb der Stadt. Der freundliche Bahnhofsvorsteher von Toulouse gab uns diese Auskunft und scheute keine Mühe, uns ein Taxi zu verschaffen.

Es ging nach Lacroix-Folgarde. Die letzte Strecke legten wir zu Fuß zurück. Wir kamen schließlich in einen selten schönen Park, der aus mehreren künstlichen Eichen, Buchen und Ulmen bestand und sich bis zum Gestade des Flusses Ariäge erstreckte.

Auch nach etlichen Kreuz- und Quergängen aber konnten wir kein Schloß entdecken. Wir trafen einen Gartenarbeiter und erkundigten uns nach dem Internierungslager.

»So etwas gibt es hier nicht«, sagte der recht dümmlich dreinschauende Mann, und als wir im gleichen Zusammenhang nach einem Schloß im Park fragten, verneinte er ebenfalls: »In der ganzen Gegend gibt es kein Schloß, und in diesem Park schon gar nicht.« Als wir uns nicht von der Stelle rührten und ihm wohl etwas eigenartig vorkamen, fügte er hinzu: »Ich müßte das wissen, ich bin seit einundzwanzig Jahren hier tätig.«

Er führte uns zu einer Art Gartenhaus, einem kleinen Pavillon im Stil des Rokoko, das wie ein Überbleibsel einer Schloßanlage wirkte. Auf unser Läuten erschien ein Herr von gut siebzig Jahren. Während der Gartenarbeiter sich kopfschüttelnd entfernte, fragte der Herr nach unserem Begehr. Wir brachten alles vor, was wir wußten und wissen wollten. Der Herr schien uns von einer wohltuenden inneren Ruhe. »Ich bin der verarmte Sproß einer toulousianischen Adelsfamilie«, stellte er sich vor, »und von diesen Dingen habe ich einige Kenntnis. Es gibt in der Gegend ein einziges Schloß, und zwar nordwestlich von Toulouse, nahe Montaigut sur Save.«

Er erinnerte sich, etwas von einem Internierungsheim gehört zu haben, konnte aber nicht mit Sicherheit sagen, ob dieses Heim mit dem genannten Schloß identisch war.

Wir bedankten uns, fuhren nach Toulouse zurück und begaben uns in die Präfektur. Das Gebäude war auffallend menschenleer, es mangelte selbst an einem Türsteher oder Pförtner, der uns hätte einweisen können. Im vierten Stock trafen wir den diensthabenden Vizebürgermeister, einen gewissen Henri Manteauvers, der uns endlich eine präzise Auskunft gab. Das Internierungslager war vor wenigen Wochen ein Opfer der Flammen geworden, als einer der zahlreichen Waldbrände auf den Schloßpark übergegriffen und das Zentralhaus in kürzester Zeit niedergebrannt hatte. Alles, einschließlich der Nebengebäude, war abgerissen worden. Über die Insassen, besonders was deren Verbleib betrifft, konnte der Vizebürgermeister keine genaueren Angaben machen.

Wir fuhren zum angegebenen Ort und fanden nichts vor außer ein paar Reste alten Gemäuers, das auf den ersten Blick allerdings keinerlei Brandspuren aufwies. Dann entdeckten wir einen kleinen Stapel verkohlten Holzes, das als Zeuge der Brandkatastrophe gewertet werden konnte, aber auch als Rest eines einfachen Grillfeuers, wie man es zu Picknickzwecken entfacht. Im nachhinein erschien mir die Auskunft des Vizebürgermeisters recht fragwürdig.

»Ich kann nicht mehr«, sagte Beate. Sie war über die Maßen erschöpft. Wir setzten uns auf einen der verbliebenen Mauerreste, und ich zog das Resümee: »Ich bedaure es sehr, Beate, aber ich kann nicht umhin, dir mitzuteilen, was ich vermute. Es gibt nahe der Stadt Toulouse weder ein Schloß noch ein Internierungsheim. Die wenigen Haut- und Haarträger, die angeblich hier sein sollen, sind, aller Wahrscheinlichkeit nach, auf dem Weg nach Toulouse, und ich sage das abschließend mit diesem dir bitteren Wort, damit du die Wirklichkeit akzeptierst, wie sie ist, entsorgt worden.«

Eine Weile war es still. Dann erhob sich meine Freundin mit der ihr eigenen, stets nach vorn gerichteten Entschlußkraft. »Geh'n wir«, sagte sie, »ich brauch' was zu essen!«

Ins Zentrum von Toulouse zurückgekehrt, erlebten wir einige unschöne Dinge. Die meisten Restaurants hatten geschlossen. Die Stadt war wie ausgestorben. In Bahnhofsnähe machten wir zwar ein paar Passanten aus, Reisende wohl, und der Vorsteher winkte uns freundlich zu. Als wir den guten Mann aber anredeten und uns nach einem empfehlenswerten Restaurant erkundigten, gab er sich recht verwundert. »Restaurants«, sagte er, »gibt es nicht mehr.«

Er bemerkte wohl unser Erstaunen, ja Entsetzen und fügte rasch hinzu, daß von einer Neueröffnung im Zentrum die Rede wäre. Dann verabschiedete er sich mit einem freundlichen Kopfnicken.

Da wir ohne Probleme ein Hotelzimmer gefunden hatten, die Gastlichkeit der Stadt also offensichtlich nicht gänzlich abhanden gekommen war, machten wir uns hungrig, aber frohgemut auf die Suche.

»Welch ein Abenteuer«, lachte Beate in ihrer frohen Art, hakte sich, von den beißenden Hungergefühlen und der damit einhergehenden Schwäche allem Anschein nach recht gut erholt, munter bei mir ein, und so stiefelten wir los, Richtung Zentrum Toulouse.

Kein Mensch auf der Straße. Langsam wurde es Nacht. Wir fragten eine Alte, die durchs offene Parterrefenster eines Mietshauses den Abend genoß, nach dem neueröffneten Restaurant. Sie lachte freundlich: »Ein Restaurant?, eröffnet?, neu?« Beates plötzlich einsetzende Unsicherheit, ja Panik, war der Alten wohl nicht verborgen geblieben. So stellte sie – das ist die Klugheit alter Menschen eines jeden Standes – ihr Lachen in keiner Weise ein, forderte uns vielmehr gutgelaunt auf, ins Haus zu kommen und ihr Gast zu sein.

»Das ist die französische Gastfreundschaft«, munterte ich Beate auf, während wir durch die offene Haustür in einen dunklen Flur traten. Ich machte Licht an. Wenige Schritte vor mir ein toter Körper. Er lag in einer offenen Wohnungstür. Ich schaute in die Wohnung. Es lagen da noch drei Tote. Die gegenüberliegende Wohnungstür öffnete sich. Die Alte kam heraus. Immer noch lachend sagte sie: »Die sind heute Nachmittag verhungert. Abtransportiert wird um vier Uhr früh. Ich bin die letzte hier. Ich habe es geschafft. Ich habe alle überlebt.«

Ich zögerte. Ich stand still.

Ich mußte meine alte Contenance wiederfinden, jene Haltung, von der der Franzose in seiner singulären clarté behauptet, sie sei imstande, jedwede Situation, und übersteige sie, dem Scheine nach, auch den Grad des Erträglichen, mit Rationalität, Optimismus und sprachlicher Präzision zu meistern. Also sagte ich: »Erhebe dich, Beate, wir gehen ins Hotel!«

Im Hotelzimmer tranken wir jeder fünf Gläser kalten Wassers und fielen in einen Schlaf, der solche Abgrundtiefen erreichte, daß uns der Hunger bis zum Morgen nicht mehr wecken konnte.

In der Früh waren wir regelrecht erfrischt, und Beate sagte: »Wenn wir schon Mutter nicht antreffen, so will ich doch zumindest das Schloß sehen, dieses oder jenes oder irgendein anderes, aber ein Schloß!«

Es war noch eine Anschrift in Reserve, der wir nicht nachgegangen waren, und obwohl es sich dabei um die vage Auskunft eines verarmten Adelssprosses handelte, erkundigte ich mich beim Frühstück im Entrée des Hotels nach einem möglichen Schloß in Montaigut sur Save.

»Ein herrlicher Bau aus dem 17. Jahrhundert«, versicherte Yvette Rieux, die Hotelbesitzerin, ehemalige Gattin eines bedauerlicherweise suizidal verendeten Arztes, der im Maghreb durch seine unermüdliche Hilfsbereitschaft einige Berühmtheit erlangt hatte.

Wir waren die einzigen Gäste, und da nichts Eßbares im Hause war, genossen wir zwei Tassen kochendheißen Wassers, die mit einem kräftigen Spritzer Kaffeearoma gebräunt waren. Wir unterhielten uns mit Madame Yvette über die vorübergehende Ernährungskrise, taten unserer Verwunderung kund über den doch bedenklichen Zustand im Franzosenland und erzählten, daß wir, dem deutschen Sprachgebiet entstammend, zu Hause, rein privat also, mindestens noch dreißig Packungen Blattspinat hätten und unser Nachbar Kohlberger über einhundert Kilogramm Siebenkornbrot, um die kurze Krisensituation gut durchzustehen.

Mit einem verschmitzten Lächeln meinte Yvette, daß die Franzosen in ihrer forciert modernen Art der Zeit immer etwas voraus wären. Ob dieser geistreichen Bemerkung begannen wir, Beate und ich, laut zu lachen, und auch Madame Rieux stimmte ein, bis ich sagte: »So wird die Krise hier eher beendet sein, obwohl mir eine vergleichende Betrachtung schwerfällt, da ich nicht annehmen kann, daß es in deutschen Landen jemals so weit kommen wird wie in Toulouse und Umgebung.«

Das lokale Frühstücksfernsehen brachte recht hoffnungsvolle Berichte. Der Bezirksvorsteher von Toulouse sagte bei der Grundsteinlegung für einen neuen Lebensmittelmarkt im östlichen Stadtbereich: »Die Wirtschaft boomt, und nie zuvor war soviel Kapital in so vielen Händen.« Die umstehenden Eröffnungsgäste, Eigner und zukünftige Kunden, applaudierten kräftig, und jeder der Anwesenden erhielt die, freilich vorerst leere Verpackung eines original französischen Weichkäses.

Auch die »Bilder aus aller Welt« verbreiteten eine angenehm optimistische Stimmung. Historische Eingeborenentänze aus Zaire (Archivmaterial), sowie eine neue Schwanenseekreation des Bolschoiballetts bildeten den Hintergrund für eine Fülle positiver Meldungen: neuer Kaloriengewinn durch naturchemische Rückstandsextraktion des normalen Trinkwassers in Irland, Entdeckung einer prall gefüllten Reisstrohhöhle auf Sumatra und öffentliche Hinrichtung der Grabschänder von Miami/Florida.

Bester Laune, so kann ich sagen, machten wir uns mit dem Taxi eines Neffen von Madame Yvette auf den Weg.

Eineinhalb Kilometer vor dem Ortsschild von Montaigut sur Save leuchteten uns die hellen Farben des Schlosses entgegen.

Kaum waren wir dem Taxi entstiegen, öffnete sich das Portal des Hauptgebäudes, und uns entgegen trat Jacques Graf de Forgeron, der Schloßherr persönlich, ein Mann Mitte Vierzig und von schlankem Wuchs.

»Haben Sie was zu essen?«, fragte Beate, die in der Tat bereits derart geschwächt war, daß ich sie beim Emporgang über die fünfzehn Marmorstufen in aller Form stützen mußte.

»Zum Essen kommen wir später«, sagte Graf Jacques, »zunächst möchte ich Ihnen das Schloß zeigen.« Nachdem wir uns bekannt gemacht hatten, führte er uns zweieinhalb Stunden durch sein herrliches Anwesen.

»Ich habe einen entsetzlichen Hunger«, sagte Beate, und endlich kam Graf Jacques, nachdem wir ins Vestibül nahe des Eingangs zurückgekehrt waren, auf die Essensfrage zu sprechen.

Er berichtete uns, daß er zur Zeit etwas knapp mit Speisen sei, versicherte aber im gleichen Atemzug, daß sein Vetter mütterlicherseits, ein gewisser Graf Boris von, der fast unaussprechliche Name klang wie Bryzwocki, seit Tagen mit einer Ladung von fünfundvierzig Rebhühnern zu ihm unterwegs wäre. Der junge Boris kam aus den Karpaten und hatte die beschwerliche Reise persönlich angetreten, damit das kostbare Gut sicher nach Montaigut sur Save käme. Es handelte sich dabei, so versicherte Graf de Forgeron, um sehr alte expreßtiefgefrorene Echttiere, die dereinst auf der gräflichen Jagd in den Karpaten erlegt worden waren.

»Gott sei Dank«, flüsterte Beate noch, dann bettete ich sie, ehe sie völlig zusammenbrechen konnte, auf eine nahestehende Ottomane.

Nach einem Blick auf die eingeschlafene Beate flüsterte der Graf mir zu: »Es kann noch vierzehn Tage dauern, maximal.«

Am Abend des dritten Tages wachte Beate wieder auf. Sie war wie belebt. Ein Grund dafür mag auch sein, daß sie jetzt wieder häufiger zu ihren kleinen Blutstürzen ansetzte, die früher ja stets eine wesentliche Verbesserung ihrer Gesamtlage zur Folge hatten. Dabei erinnerten lediglich Körperhaltung und kleinere Würgegeräusche an Vergangenes, während das Blut selbst gar nicht mehr zum Vorschein kam, was in der gräflichen Umgebung wohl auch fehl am Platz gewesen wäre.

Der Graf kredenzte einen köstlichen Trank aus jeweils einem Teelöffel Echtwein (ein Rossese aus dem italienischen Ligurien) auf einen Liter Wasser.

Beate wollte es wissen. »Ist Ihnen, Herr Graf, ein Internierungsheim nahe Toulouse bekannt?« – »Ich habe so etwas gehört«, antwortete der Graf, und als er selbst, ohne daß Beate oder ich ihn darauf angesprochen hätten, von letzten Haar- und Hautträgern sprach, schöpften wir wieder Hoffnung. »Etwas Genaueres zu sagen«, fügte er jedoch hinzu, »fühle ich mich außerstande.«

Er erzählte uns an diesem, mit einem Mal recht launigen Abend von seiner beruflichen Laufbahn. Jacques de Forgeron war ein erfolgreicher Schriftsteller auf dem Gebiet des popular-künstlerischen Trivialromans. Er hatte, zum Teil auch ins Deutsche übertragene Epen verfaßt wie »Dr. Sembart greift ein«, »Der Niedergang des Hauses Victor Bruch« und »Kleine Mutter, Teil eins bis drei«.

Im Gästeraum fand ich, quasi als Kommentar zu seinen Ausführungen, die schönsten Bücher, darunter Exquisitwerke wie »Heimwärts« von Laurids Brunn, »Das Pflegekind des Hagestolzen« von Gies, sowie Kerers »Gebt mir große Gedanken«.

Die Bücher befanden sich über einem Eichentisch, und auf diesem Tisch war ein Packen von vier- bis fünfhundert Bogen Schreibpapier deponiert, der den Gast, so kam es mir vor, regelrecht ermutigte, selbst zur Feder zu greifen, die nebst einem elfenbeinernen Tintenfaß auf dem Packen lag.

An diesem noblen Ort durfte ich später einige Korrekturen an meinem Bericht vornehmen.

Nach dem dritten Glas des verschnittenen Rosseses war Beate wieder eingeschlafen, und ich wollte dem Gastgeber gerade ein paar stilistische Fragen zu seiner literarischen Arbeit stellen. Da erlosch das Licht. Den Grafen regte das nicht weiter auf. Er sagte gelassen: »Das Problem liegt in der durchgehend schlechten Ernährung des einfachen Arbeiters. Die Leute wissen nicht, was schmeckt und brechen in Krisensituationen eher zusammen als die Restbevölkerung. Jetzt hat es die Männer im E-Werk getroffen.«

Ich bewunderte die klare Ausdrucksweise des Grafen, deren ich, trotz aller Erfolge im Rhetorikkurs meines Bankinstituts, in dieser Vollkommenheit nicht mächtig zu sein mir eingestehen mußte.

Wir besorgten Kerzen, und bald trug ich die wie leblos schlummernde Beate ins Schlafzimmer. »Der Graf ist ein Arschloch«, sagte Beate mit matter Stimme, während ich sie vorsichtig aufs Bett legte und entkleidete. Auch ich entledigte mich meiner Kleider und weckte die bereits wieder tief schlafende Freundin auf: »Beate«, sagte ich mit einer Stimme, die nicht weniger matt war als die ihre, »ich werde Dich aller Voraussicht nach bald überleben. Laß uns noch einmal ficken.« – »Ja«, sagte sie, »ich liebe Dich so sehr.«

Es war wohl die totale Erschöpfung, die mir ein Erlebnis brachte, in dem ich mich wiedererkannte, mich, wie ich einmal gewesen sein muß, vor langer Zeit. Das war mir in Vergessenheit geraten: wir gingen behutsam miteinander um. Wir streichelten uns, ohne einander zu berühren, und es war mir, als ob ich ihre Haut fühlte. Unsere Körper kamen wie von selbst zusammen, und ich spürte, daß ein anderer Körper auch der meine war. Ich kann das heute mit Worten nicht mehr richtig ausdrücken. Ich hätte es gleich niederschreiben sollen. Das Ganze war wie ein Orgasmus von sehr langer Dauer. Ich schlief ein und träumte noch einmal, was ich soeben erlebt hatte.

Als ich in der Früh erwachte und Beate totengleich neben mir fand, schlich ich mich aus dem Zimmer, um im ganzen Haus für sie nach etwas Eßbarem zu suchen. Ich suchte in Schränken, Truhen, in alten Karaffen, Schüsseln, umgestülpten Tassen, und erst als ich die losen Kacheln unterm Küchenherd anhob, um darunter mit den Händen den morschen Estrich durchzusuchen, hielt ich inne und gab auf. Ich konnte nichts finden. Im Keller schöpfte ich neue Hoffnung, als ich ein Gewölbe betrat, in dem fünf Kühltruhen nebeneinander standen. Ich öffnete die erste Truhe und sah nichts anderes als in den vier restlichen: sie waren voll bis zum Rand mit Geldscheinen. Die Kühlung war wohl seit geraumer Zeit abgeschaltet, und – früher hätte das den Fachmann in mir geschmerzt, jetzt aber ließ es mich auf eine eigenartige Weise gleichgültig – die Scheine hatten schon Stockflecken, und an den Truhenrändern begann es zu modern.

In einer sechsten Kühltruhe, die separat am Rande stand, fand ich neben allerhand Briefpost eine Schachtel mit Bankvollmachten und Einzugsermächtigungen. Nach einigem Suchen entdeckte ich einen Zettel mit der Unterschrift Prinzessin Angelikas, betreffend die monatlichen Internierungskosten. Es war mir gleichgültig. Ich war sehr matt. Ich habe keinerlei Interesse an kriminalistischen Geschichten. Ich entschloß mich, weder Beate davon zu erzählen, noch den Grafen, der immerhin ein guter Gastgeber in schwierigen Tagen war, auf die Einzugsermächtigung Prinzessin Angelikas anzusprechen.

Das elektrische Licht brannte wieder. Lachend empfing mich der Graf im Vestibül und zeigte mir im Schloßgarten, hinter einem kleinen Schutzgemäuer, sein Dieselaggregat. »Ich habe achtzehntausend Liter Diesel. Das reicht für eine Weile. Es sind noch maximal sieben Tage bis zur Ankunft meines Neffen Boris von Bryzwocki.«

Es war nicht die erfreuliche Menge Dieselöl, vielleicht war es die Aussicht auf die baldige Ankunft des Neffen, es war nicht die letztlich nur mir bekannte Auflösung des Falles Angelika, vielleicht war es die Tatsache, daß ich mit dem Gastgeber umgehen konnte, als sei nichts geschehen, es war nicht das neu entflammte elektrische Licht, vielleicht war es, nein, ich bin mir sicher, es war die letzte Nacht mit Beate – plötzlich kehrte mit all seiner Kraft mein alter Optimismus zurück.

Ich fand Beate wach vor. Sie blickte mich unverwandt an und bat mich, kaum hörbar, aber doch verständlich, wenn man mit den Bewegungen ihres Mundes vertraut war, sie auf einen kleinen Spaziergang in den Schloßpark zu begleiten. Wegen der hochsommerlichen Temperaturen wollte sie unbekleidet gehen. Ich erfüllte ihr diesen Wunsch und stützte sie bis ins Vestibül, wo ich zwei Tassen Heißwasser mit Kaffeearoma genoß, die Graf Jacques freundlicherweise zubereitet hatte. Beate mochte nichts trinken, wobei ich mir nicht sicher war, ob sie die dargereichte Tasse überhaupt noch wahrzunehmen vermochte. Anschließend trug ich sie in den Schloßpark. »Weg«, flüsterte sie, »nichts wie weg!«

Ich kam ihrem Ansinnen, den Park zu verlassen in etwa nach, bettete sie schließlich rund fünfhundert Meter vom Schloß entfernt nahe einer dürren Buche in die Ackerkrume und hockte mich zu ihr. Es begann zu schneien, und schwarz übers Land senkte sich eine gute Ruhe. Es konnte jetzt nur noch alles besser werden.

Die letzte Bewegung in Beatens Leben war ein Zeichen ihrer selbstlosen Liebe. Sie wies mit der Rechten auf den linken Oberschenkel, der zweifellos noch der fleischigste Teil ihres Körpers war, und von ihrem Mund konnte ich ablesen, was sie mir zuhauchte: »Essen!« Mit dieser Geste ihrer Opferbereitschaft, von der sie sehr wahrscheinlich wußte, daß ich sie nicht nützen würde, verschied die gute Freundin.

Als ich zum letzten Mal liebevoll das Innere ihres Körpers betrachtete, Stück für Stück, entdeckte ich unterhalb ihres Bauches etwas, das die Wissenschaft bezüglich ihrer Evolutionstheorie Lügen strafte. Obwohl von geringem Wuchse, hätte ich schwören können, daß es eine Haut hatte, was sich da heftig in der Toten bewegte, die guter Hoffnung war.

Richard Blank, 1939 geboren in Langenfeld/Rheinland. 1959–1968 Studium der Philosophie in Köln, Wien, München; Promotion bei Ernesto Grassi.

Seit 1964 Fernsehdokumentationen und Hörspiele. Ab 1969 Buchveröffentlichungen, u. a. »Schah Reza, der letzte deutsche Kaiser«, München 1977; »Jenseits der Brücke – Bernhard Wicki, ein Leben für den Film«, München 1999; »Schauspielkunst in Theater und Film: Strasberg, Brecht und Stanislawski«, Alexander Verlag Berlin 2001.

Seit 1978 zahlreiche Filme für Fernsehen (u. a. »Das Hausschaf«, »Sicaron«, »Aida Wendelstein«, »Fridolin«, »Die Heiratsschwindlerin«) und Kino: »Friedliche Tage« (1983), »Prinzenbad« (1993), »Casanova – Das Geheimnis seines Erfolges« (2003).